尖閣諸島問題と隠された真実

米国の本音は「中立」

三浦和彦 著

芙蓉書房出版

序論　尖閣諸島問題の本質とは何か
――本書の概要――

国益がぶつかり合う領土問題の難しさ

領土問題ほど、国民にとって理解しづらいものはないと言える。

それは、「自国の主張が正しいはずなのに、なぜ相手は理解できないのか」、「相手国の主張がおかしいのであれば、第三者が公正に裁決する国際司法裁所で裁いてもらえないのか」という思いがあるからである。まず自国の主張が絶対に正しい、政府が言うのだから間違いはない、テレビ・新聞の報道は正しいという姿勢である。例え、普段は相手の言い分を細かく聞き、公平に判断を下すというような、教養と常識を兼ね備えた聖人君子のような者でも領土問題となると豹変し、相手国の言い分に耳を貸そうともしない。ただ相手国の主張に反論し非難する。

我々はどうしても領土問題を、国家主権や国益に絡ませて考えてしまう傾向があるのは否めない。自国の国益が第一であり、相手の利益に与《くみ》するような発言をするものなら「国賊」と非難されるだろう。このようなことは、軍国主義や全体主義国家などの権威主義体制を連想させるものなのだが、領土問題において、それに気づく人は少ない。これは、相手国においても同じである。それ故に領土問題は、時に過剰なナショナリズムを生み、関係両国にとって大きな不利益を引き起こす。それを避ける方法としては、全く利害関係のない他国の領土問題を見る目で、自国の領土問題に対することではないか。

この本のテーマである「尖閣諸島（中国名、釣魚島：DiaoYuDao）問題」は、〝領土問題〟であるがゆえに、烈火のようなナショナリズムが関係国である日・中・台の政府並びに国民の間に湧き上がる。日本の国境問題で最も緊張状態にあるのが、この尖閣諸島問題である。これについて外務省の資料では、日本に有利な史実のみ伝えられている。もちろん、中国・台湾側もこれと同じくらいに、自国に有利な根拠を保持、主張している。それらは日本国内では、ほとんど報道されていない。また、中国・台湾側でも日本に有利な史実は無視されている。

尖閣諸島問題の中国と台湾の主張は、ほぼ同じである。よって、重複を避けるため、台湾と中国を区別せず、主に日中間の尖閣諸島問題として話を進めていきたい。領土紛争においては、関係国どちらにも言い分があり、それぞれの主張には根拠があり、片方が一〇〇％正しく、片方が一〇〇％間違っているということはない。また、双方が自国の領有権を一方的に主張し、強硬な姿勢をとり続け、両国の関係が必要以上に悪化し、互いに不利益を被るようなことを避けるべきである。

しかしながら、日本にとって、この問題は日本の安全保障を根底から問う、深刻な問題であり、是が非でも日本の領土でなければならないものなのである。

最近では、尖閣諸島周辺の日本の領海や接続水域に、中国当局の艦艇が頻繁に侵入している。中国の狙いは、尖閣諸島における日本の実効支配の事実を否定することであり、領海侵犯の事例が積み重なってくると、「統治」や「施政権」の実効性が疑われるようになり、国際法上の日本の「優位性」が崩されることになるであろう。中国側は、まずは日本の実効支配を崩してしまい、法的に不利な立場を変えようという考えである。ここに、日中武力衝突の可能性の原因がある。

そこで、尖閣諸島問題に大きなウェイトを占める米国の役割を議論することが重要になってくる。本書の後半部分（第3章、むすび）では、この点に重点を置いている。

尖閣諸島問題については、多くの優れた研究がある。第1章、第2章ではできるだけ多くの研究を取り上げ、それらを比較した。筆者の考えは極力控え、それぞれの研究者の主張をニュートラルに紹介することに努めた。尖閣諸島問題は歴史的史実や根拠だけでなく、国際法も含めたさまざまな角度から理解し、相対的に捉えることが肝要だと考えているからだ。

国際ＮＧＯの「国境なき記者団（Reporters Without Borders）」による二〇一七年度「報道の自由度ランキング」では、日本は72位という低い順位である。日本人の実感としてはこの順位に驚くだろう。しかし、陸上自衛隊のイラク派遣部隊や南スーダン国連平和維持活動派遣（ＰＫＯ）などの日報隠蔽問題や、財務省の森友学園の文書改竄《かいざん》問題、そして加計学園の獣医学部新設問題での政府の対応などで混乱する事態になり、政府省庁発表の信憑性に大きな疑念が生じた。新聞・テレビの報道から情報を得ている多くの国民は誤った理解をさせられていたことになる。政府というものは、とかく自国に不利な事実は隠したがるものであるが、事実の隠蔽はさらなる誤解や対立を生むことになる。

尖閣諸島問題について例を一つ挙げよう。

尖閣の領有権主張の時期について、日本国民の多くは中国や台湾が尖閣諸島の領有権を主張しだしたのは東シナ海において海底資源が発見されたからだ、と理解している。主な報道機関がそう報じてきたし、外務省ホームページの「尖閣諸島情勢に関するQ＆A」でも次のように書かれている。

「そもそも、中国政府及び台湾当局が尖閣諸島に関する独自の主張を始めたのは、一九六八年秋に行われた国連機関による調査の結果、東シナ海に石油埋蔵の可能性があるとの指摘を受けて尖閣諸島に注目が集まった一九七〇年代以降からです」

ここでは中国や台湾のことには触れているが、日本が尖閣諸島の領有権を主張した年月日には触れていない。実際には日本が領有権を主張したのも同時期であった。外務省ホームページの文言は間違ってはいないが、これを、レトリック（実質を伴わない表現上だけの言葉、表現の巧みな言葉）と捉えるかどうかは読者の判断にお任せしたい。

本書では、日本が主張している〈先占の法理〉[*1]によって、尖閣諸島を領土に編入し管理していることは、国際法に則ったものであるという研究者の主張を取り上げている。また、その反論も入れている。このように、どちらの主張にも偏らず、客観的な視点での記述をこころがけた。

尖閣諸島問題は日米間の問題でもある

尖閣諸島問題に関する書籍は、領有権について日中どちらかの意見を反映させたものが多いが、本書はどちらかへ肩入れするものではなく、読者に判断を委ねるために多くの情報を提供している。というのも、この問題の本質は、本書後半で論じる〝日米関係〟にあると考えるからである。前半の第1章、第2章は、尖閣諸島問題の概要をまとめたものであり、後半の第3章では、尖閣諸島の地位と日米関係について筆者の考えを多く盛り込んだ。日本は、なぜサンフランシスコ条約以降、歴代の米大統領が日本の領土と認めていた尖閣諸島の領有権を沖縄返還時に失わなければならなかったのか。筆者は、このことについて、多くの先行研究と最近の米国の機密文書を紐解き、新たな説を論じている。これを読んで「尖閣は日本の領土ではないの？」と驚きの声をあげる読者も多いと思うが、まずは、このまま読み進めていただきたい。

尖閣諸島問題といえば、誰しも二〇一〇年九月の漁船衝突事件と二〇一二年九月の野田政権による国有化を思い起こすであろう。はたまた、中国全土で大きなデモが起き、それが暴徒化し、日系スーパー、自動車工場、電機工場、日本料理店や日本車を襲撃、略奪する行動が相次いだことも覚えているだろう。これらを報道するテレビニュースを目にした日本人の中に嫌中派が増えたことは間違いない。発端は石原慎太郎東京都知事（当時）が尖閣諸島について、ワシントンの保守系シンクタンク、ヘリテージ財団で講演したことである。そこで、東京都による尖閣諸島の購入計画を掲げた。東京都が購入する論理は、①尖閣諸島は日本の固有領土であること、②中国が日本の実効支配を壊そうとしていること、③国が買い上げると中国が怒るから都が買い上げるというものであったと考えられる。石原のこの計画は日中関係を非常に緊張させた。また、米国は野田政権下での尖閣諸島国有化方針について、「尖閣諸島は日本防衛義務を定めた日米安保条約第五条の適用対象」と言明する一方で、「米国は尖閣諸島の最終的な主権について（特定の）立場は取らない」と、従来からの方針を表明し「平和的手段による解決を期待する」と言明した。このように、米国は一九七一年の沖縄返還交渉時から今日まで、尖閣諸島に対する日本の領有権を認めていないのだ。このことは尖閣諸島問題を語るうえで避けては通れない重要なポイントになる。

すでに述べたように、筆者は、〝日中関係〟より〝日米関係〟に重点を置いて尖閣諸島問題を考えている。「米国の本音は『中立』」という副題を付けたのもそうした考えからである。

言うまでもないが、ニクソンとは、ウォーター・ゲート事件や、ベトナム戦争での政府の欺瞞を題材にした映画「最高機密文書　ペンタゴン・ペーパーズ」（スティーヴン・スピルバーグ監督）に登場する第37代米国大統領リチャード・ニクソンのことである。彼が大統領時代に関与した尖閣諸島の地位決定の「謎」を解くことにより、一九七一年六月七日に決定された施政権[*2]と領有権の分離政策を理解することができるであろう。筆者が、そのことを「謎」と言うのは、ニクソンの尖閣諸島の地位決定について、現在まで研究者によってさまざまな説が立てられているが、未だに決定的な説はないからである。

本書を読み終えた後、外務省ホームページの「尖閣諸島の基本見解」を読み返していただきたい。「尖閣諸島が日本固有の領土であることは、歴史的にも国際法上も疑いのないところであり、現にわが国はこれを有効に支配しています。したがって、尖閣諸島をめぐり解決すべき領有権の問題はそもそも存在していません」という文言のレトリック性に気づくはずである。

二〇一八年三月八日、ドナルド・トランプ米大統領は、輸入増加を安全保障上の脅威と認定し、鉄鋼、アルミに高い関税を適用する方針を示した。多くの人々は、同盟国である日本は適用除外の対象国になると考えていたが、蓋を開けたら日本も対象国とされた。これは、日米関係の認識について日本と米国が大きく違っていることが白日の下に晒された格好であった。このようなことで、有事の際、日米安保は機能するのか。尖閣諸島に中国軍が上陸した時、米軍は日本の領土である尖閣諸島を守ってくれるのか。

現在、日本政府は、領土問題は存在しないという立場をとり、なおかつ「棚上げ」合意も否定している。尖閣諸島の実効支配を継続することで国際法に基づく領有権の主張を強化していく方針である。一方、中国は、尖閣諸島を実際に占拠していない状況は大変な弱みである。そして台湾問題を抱えていることや、日米安保下での日本と米国の関わりを懸念する状態では、尖閣諸島問題は先送りしながら状況改善を図るしかない。領土問題を抱える国家指導者は、自国内で大きな反発を引き起こす可能性は極めて高いため、領有権の主張を撤回することはできないのだ。

東シナ海には、石油・天然ガス等の海底資源の埋蔵が確認されており、東アジアの発展に伴い資源需要が高まる中で、資源開発への取組みが活発化している。この地域の安全保障は、冷戦時代から現在まで米海軍と日米同盟体制が担ってきたといえる。中国にとっての尖閣諸島問題は、日米安保体制と直面する問題であり簡単に実力行使できる問題ではない。二〇一四年四月、バラク・オバマ米大統領は、尖閣諸島は米国の対日防衛義務を定めた日米安全保障条約第五条が適用されると明言しており、読売新聞によると、日本政府はオバマ大統領から、「中国が尖閣諸島へ軍事行動に出た場合、米軍を出動させる義務がある」との趣旨の回答を得たことを伝えている。米国は既に東アジアにリバランスしており、これまで以上に、この地域に一定の影響力を維持、拡大していくはずであり、尖閣諸島問題は日・中・米共通の懸案となっている。

日本政府が二〇一二年に尖閣諸島の国有化を決定、実施以後、日中交流は停滞し、尖閣諸島の周辺海域では、双方の法執行機関の船舶が睨み合う緊張状態が続いている。尖閣諸島を巡る日中の主張は対立しており、解決は非常に困難である。日本としては、尖閣諸島周辺において不測の事態が日中の武力衝突につながることのないように現状を管理しつつ、日中双方の対話を重ねる機会を持ち、平和的解決を目指す努力を続けるしかないだろう。

サンフランシスコ平和会議での各国の熾烈なかけひき

日本はペリー来航以来、米国の影響を多く受け続け現在に至っている。日清、日露戦争では米国の調停により講和会議が開かれた。しかし、太平洋戦争では米国と敵対し、敗戦国となった。現在、政治・経済などの分野においても米国の影響力抜きで語ることはできない。一九四五年、米国は戦後のポツダム宣言第6項「我らは無責任な軍国主義が世界より駆逐されるまでは平和、安全、および、正義の新秩序が生じ得ないことを主張する。従って、日本国国民を欺瞞して世界征服の暴挙に出る過ちを犯させた者の権力と勢力は永久に除去する」を根拠とし日本占領を果たした。その後、一九五〇年一〇月一一日、日米安保条約草案「第二条 国際連合が、その決定を即時且つ有効に実施するための軍隊を有しないのにかんがみ、国際連合が日本国に対する侵略行為の存在を決定したときは、アメリカ合衆国は右の侵略を排除するため直ちに一切の措置をとるものとし、（中略）第三条 前条の目的のために、アメリカ合衆国の兵力が日本国領域内に常駐することに、両国は同意する」を以て、米国は軍隊のない日本が安全に生存しうるように、また、日本に対する侵略は、国際連合憲章の原則に従って、迅速、且つ有効に阻止されなければならないとした。また、「アメリカの対日平和条約に関する七原則（巻末資料1参照）、一九五〇年一一月二四日」三条の（b）では「米国を施政権者とする琉球諸島および小笠原諸島の国際連合による信託統治に同意し……（後略）」とあり、敗戦国日本は、米国を唯一の施政権者とする信託統治制度の下に置かれた。

この米国の対日平和条約は、琉球（沖縄）において米国の軍事基地を保有する目的[*3]から生まれたものであり、国連の信託制度下の理念（施政権者は、自治または独立に向かっての住民の漸進的発達を促進する義務を負う〈第76条b〉）との整合性はなかったと考えられる。

また、一九四一年八月一二日、ルーズベルト米大統領とチャーチル英首相は、大西洋憲章（巻末資料2参照）にて領土不拡大を宣言している。その要旨は、両国は領土の拡大を求めない。関係国民の自由に表明する希望と一致しない領土的変更を欲しない。すべての国民がその政体を選択する権利を尊重し、強奪された主権と自治が回復されることを希望するというものであった。

米国だけによる排他的信託統治に対し、ソ連は、カイロ（巻末資料3参照）・ポツダム会談参加諸政府が領土不拡大声明（They covet no gain for themselves and have no thought of territorial expansion.和文：同盟国は自国のための利益を熱望しない、また、領土拡大を考えない）を採択していることを指摘し、それについて説明を求めた。それに対し、米国は「信託統治は領土拡大と同一ではない」と回答していた。周恩来も、この米国単独での対日平和条約について、対日平和条約米国、英国案は、手続からみても、内容からいっても、一九四二年一月のカイロ宣言[*4]、ヤルタ協定[*5]、ポツダム宣言[*6]及び協定、ならびに一九四七年六月の極東委員会で採択された降伏後の対日基本政策など、アメリカ、イギリス両国政府が署名しているこれら重要な国際協定に違反するものである、と抗議していた（巻末資料4参照）。

また、ソ連、ポーランド、チェコスロバキアの共産圏三国は、中国の不参加を理由にサンフランシスコ平和（講和）会議の無効を訴えていた。そして、一九五一年八月一五日、周恩来はサンフランシスコ平和会議の開催を以下のように批判し、また、傍線部のように、台湾と澎湖諸島及び千島列島、樺太南部とその付近のすべての島嶼にたいする一切の権利を中華人民共和国へ返すことを要求していた（巻末資料4「対日講和問題に関する周恩来中国外相の声明」参照。傍線は筆者が加筆）。

「（抜粋）中華人民共和国政府は、アメリカ、イギリス両国政府によって提案された対日平和条約草案は、国際協定に違反し、基本的に受諾できない草案であるとともに、アメリカ政府の強制で、九月四日からサンフランシスコで開かれる会議は、公然と中華人民共和国を除外している限り、これまた国際義務を反古にし、基本的に承認できない会議であると考える。（中略）連合国宣言は、単独で講和してはならないと規定しているし、ポツダム協定は「平和条約準備事業」は、敵国の降伏条項に署名した委員会参加諸国によって行われねばならないと規定している。それと同時に、中華人民共和国中央人民政府は、武力を通じて対日作戦に加わった国のすべてが対日講和条約起草の準備事業に加わると主張するソヴィエト連邦政府の提案をこれまで全面的に支持した。ところが、アメリカは、対日平和条約の準備事業を遅らせるため、長期にわたりポツダム宣言の原則を実施するのを拒んだ揚句、現在出されている対日平和条約草案に関する準備事業をアメリカ一国だけで独占し、とりわけ中国とソヴィエト連邦を基幹とする対日戦に加わった国々のうち、大多数を平和条約の準備事業から除外したのである。更にアメリカ一国で強引に招集し、かつ中華人民共和国を除外する平和会議は、対日単独平和条約の署名を全てている。イギリス政府の支持のもとで、こういった国際協定に違反するアメリカ政府の動きは、明らかに日本及び日本との戦争状態にある国々の間で結ばれるべき真の全面的平和条約を破壊するものである。のみならず、アメリカ政府だけに有利で、日米両国の人民を含む各国の人民により不利な単独平和条約を受諾するよう、日本と対日作戦に加わった諸国に無理に押しつけようとしている。これは、実際には新たな戦争を準備する条約であり、真の意味での平和条約ではないのである。かような中華人民共和国中央人民政府の結論には、対日平和条約アメリカ、イギリス草案の基本内容からみて、もはや反論する余地がないのである。（後略）」

「（前略）日本が台湾と澎湖諸島及び千島列島、樺太南部とその付近のすべての島嶼にたいする一切の権利を放棄すると規定しているだけで、台湾と澎湖諸島を中華人民共和国へ返還すること、ならびに千島列島及び樺太南部とその付近の一切の島嶼をソヴィエト連邦に引渡すという合意に関してただの一言も触れていないのである。（後略）」

ソ連主席代表グロムイコは、一九五一年九月のサンフランシスコ平和会議にて日本の完全な「主権」[*7]を認める提案を行った。それに答えて米国全権ジョン・フォスター・ダレスとケネス・ヤンガー英国全権は、奄美・琉球諸島に日本の主権が残ることを明らかにした（一九五一年九月五日）。

ダレスは、トルーマン大統領とアチソン国務長官の特別顧問だった。「サンフランシスコ平和会議におけるダレス米代表の演説」の中の「第三条　日本の琉球とその他の南、並びに南東の島々」について述べている個所では、連合国の一部は、米国の下、日本はこれらの島の「主権」を放棄しなければならないと主張しており、また、①それ以外の国は、これらの島々は完全に日本に戻すべきだと提案している。とし、②これらの提案に対して、米国は日本にそのまま「残存（潜在）主権[*8]-residual sovereignty」を持たせるのが一番いい方法だと思った、とスピーチしていた。

①部分の英文

Others suggested that these islands should be restored completely to Japan

In the face of this division of Allied opinion, the United States felt that the best formula would be **to permit Japan to retain residual sovereignty**

②部分の英文

太字部分を見ると、日本に「残存主権」が残ることが分かる。ちなみに残存主権とは国際法上確定した特定の意味のある言葉ではない。サンフランシスコ会議でダレスが、沖縄・小笠原について、アメリカは平和条約第三条によって統治権[9]をもつが、日本はなお **residual sovereignty** を持つと述べたため注目された。「潜在主権」ともいうが、潜在する主権が将来顕在するというより、むしろ日本に残された主権という意味であるから、「残存主権」と訳すほうが適切である。主権から統治権を除いた権利すなわち地域の処分権が、その内容であるとされる（『世界大百科事典』第2版）。

一九五一年九月七日、吉田茂はサンフランシスコ平和会議において以下のような受諾演説（抜粋）を行った。

「ここに提示された平和条約は、懲罰的な条項や報復的な条項を含まず、わが国民に恒久的な制限を課することもなく、日本に完全な主権と平等と自由とを回復し、日本を自由且つ平等の一員として国際社会へ迎えるものであります。この平和条約は、復讐の条約ではなく、（和解）と（信頼）の文書であります。日本全権はこの公平寛大なる平和条約を欣然受諾致します[10]」

サンフランシスコ平和会議の時の吉田茂の演説は、小笠原諸島を含めて琉球周辺の領有権は日本にあるとダレスから聞いた上で行っている。このことは、一九五一年一〇月一八日の衆議院安保条約特別委員会での芦田均代議士への答弁で分かる（本文第3章1参照）。

領有権について〝中立〟の立場をとる米国

一九六二年三月、ケネディー大統領は琉球のための執行命令において、「私は琉球を日本全土の一部と認識し、自由世界の安全保障上の利益が日本に対する完全な主権の返還を許す日の到来するのを期待している」と述べた。第2章2で詳しく述べるが、これは、琉球に尖閣諸島が含まれることを明言したもので、琉球諸島から尖閣諸島を切り離す意図はなく、尖閣諸島を含めて、全沖縄を日本に返還するというものであった。

しかしながら、米国は一九七一年六月の「沖縄返還交渉」以降、尖閣諸島に対して日本の領有権を認めず、それに対して〝中立〟を表明している。しかし現在、日本政府は不思議なことに、自国の尖閣諸島の領有権主張の根拠を、その領有権を認めていない米国、並びに米国が関わるサンフランシスコ平和条約と沖縄返還交渉を拠り所にしている。米国は、「対日平和条約に関する七原則」第三条（b）により、国連信託統治制度の下に尖閣諸島の排他的施政権者となったわけであるが、沖縄返還交渉時には、他の連合諸国との交渉を持たずに単独で日本が持つ尖閣諸島への地位を変更した。これは国際連合憲章の「第12章　国連信託統治制度」、並びに「第13章　信託統治理事会第89条の表決手続（信託統治理事会の決定は、出席し且つ投票する理事国の過半数によって行われる）、第90条2（信託統治理事会は、その規則に従って必要があるときに会合する）」との整合性に欠けており、米国が独自に尖閣諸島の領有権に関する地位を決定する権利・権限はなかったと言える。

言うまでもなく、領土問題というのは国際紛争の火種になり得るものである。それを回避するために国際司法裁判所において領土問題の解決を図る方法もあるが、ともすれば関係国双方のナショナリズムに火をつけ紛争解決からは遠のいてしまう恐れがある。米国が、尖閣諸島の領有権争いに〝中立〟の立場を表明したことにより、尖閣諸島問題は、以前にも増して複雑化した。

このように尖閣諸島問題は、日中の歴史的根拠の主張の対立だけでなく米国の外交政策が複雑に絡み合っている。この問題を理解するには、歴史的主張や資料に基づいての一方向からの研究だけでは不十分であり、尖閣諸島と米国との関わりを理解することは必須である。本書では、これまでの研究者たちの研究成果を比較すると共に、日本国民に周知されていない米国の〝中立〟政策を、独自の観点から明確にしていく。

尖閣諸島の地位については、残存主権から領有権を切り離した施政権のみの返還、領有権への〝中立〟という方針へと米国が変化した経過を、これまでの研究者に重要視されていないニクソンの性格も含めたさまざまな角度から解明する。また、『蔣介石日記』を分析し、台湾の対米外交政策を考査していく。そして、米国の外交政策に日本政府の尖閣諸島についての国会答弁はどのように影響されたのか、また日本政府の主張が近代国際法の〈無主地先占の法理〉

論から、主張・判例に重きを置く現代国際法とも言える〈先占の法理〉論へと変化していった経緯も検証する。

尖閣諸島問題に関する優れた研究

尖閣諸島問題については多くの研究者が著書・論文を発表している。本文各章でその詳細を検討するが、ここでは概略を紹介しておく。

まず、日本近代史研究の第一人者である井上清である。井上は、歴史的観点から『「尖閣」列島―釣魚諸島の史的解明』（一九七二年）を世に出している。井上は国際法自体に懐疑的であり、尖閣諸島問題における領有権を考えるにあたって歴史的資料を重視している。また、国際法学者の奥原敏雄は、国際法の〈無主地先占の法理〉と国際裁判所の判例を重視した〈先占の法理〉を基に、尖閣諸島に関する三〇近くの論文を発表している。金子利喜男は、この〈先占〉の要件としては、(1)国家によって行われなければならない。(2)その意志を表示しなければならない。(3)先占が実効的であることが必要。(4)無人島の場合、時々見回って国家機関が秩序を維持できれば十分であると述べている。

奥原は「尖閣列島の法的地位」（一九七〇年）、「尖閣列島問題と井上清論文」（一九七三年）、「尖閣列島領有権の根拠」（一九七八年）において、中国側の主張を擁護する井上に強く反論している。奥原の〈先占の法理〉についての研究は、日本の国会答弁などに大きな影響を与えたと考えられる。

　また、尖閣諸島は日本領とする代表的な研究者として、国際法学者の緑間栄がいる。緑間も歴史的資料から尖閣諸島は〈無主地〉[*11]であったと主張し、『尖閣列島』（一九八四年）を出版している。元国際貿易促進協会常任理事であった高橋庄五郎は、『尖閣列島ノート』（一九七九年）の中で、東シナ海の海洋資源と米国の関係を精細に調べ上げ、日本の領有権主張についての疑問点を世に問うている。日中関係研究者の菅沼雲龍は、明史からの歴史資料を基にした『中日关系与领土主权』（二〇〇〇年）や「*Sovereign Rights and Territorial Space in Sino-Japanese Relations:Irredentism and the Diaoyu/Senkaku Islands*」（二〇〇一年）を出版し、尖閣諸島問題を世界に提起している。歴史学者の村田忠禧も、歴史資料などを主に精緻な研究を行い『日中領土問題の起源』（二〇一三年）を出している。この著書は、中国側の主張に沿った内容であり中国語に翻訳され、二〇一三年より中国で販売されている。元共同通信台北支局長であり研究者でもある岡田充は、『尖閣諸島問題―領土ナショナリズムの魔力』（二〇一二年）において、日・米・中・台関係の分析、及び歴史資料を基に日本政府主張の問題点をつまびらかにしている。また、この著書の中国語版は二〇一四年に台湾で出版されている。

　外交分野においては、中国近現代史専門家の李恩民は『「日中平和友好条約」交渉の政治過程』（二〇〇五年）で、日中関係を基に「棚上げ問題」を詳細に検証している。また、国際政治学者の加藤朗は「尖閣諸島をめぐる日本の対中戦略―新たな東アジア戦略を目指して―」（二〇一三年）の中で、中国が何故に拡張主義的行動をとるのか、その政策決定の背後の世界観、価値観に焦点を当てて述べている。政治学者の浦野起央は『尖閣諸島・琉球・中国―分析・資料・文献―』（二〇〇二年）において台湾の大陸棚説から分析しているが、大陸棚を巡る議論は、尖閣諸島の領土帰属問題とは関係ないとしている。

日中関係研究家の矢吹晋は『尖閣衝突は沖縄返還に始まる』（二〇一三年）を著し、ニクソン政権のとった領有権と施政権の分離政策を緻密に研究している。苫米地真理は、『尖閣諸島をめぐる「誤解」を解く―国会答弁にみる政府見解の検証』（二〇一六年）の中で、尖閣諸島問題関連の国会答弁を中心に論じている。また、国際政治学者の石井修は「第二次日米繊維紛争（一九六九年―一九七一年）―迷走の一〇〇〇日」（二〇一〇年）で日米繊維交渉を詳細に論じている。国際法専門家の芹田健太郎は、奥原敏雄などと同じく日本政府の見解に基づいた尖閣諸島の日本領有論を、国際法を駆使し証明している。

その他にも、尾崎重義、ロバート・D・エルドリッヂ、春名幹男、倪志敏、豊下楢彦、孫崎亨、朱建栄、羽根次郎、東郷和彦、保阪正康、金子利喜男、田畑茂二郎、松井芳郎等、多くの優れた研究が存在する。

本書においては、尖閣諸島の表記は必要でない限り中国名、釣魚島（Diao Yu Dao）を省略し、日本名だけを表記して書き進めることをお断りしておく。また、文献では、「尖閣諸島」「尖閣列島」など複数の表現があるが、本書では直接引用の部分を除き「尖閣諸島」とした。なお国名は、「中華人民共和国」を中国、「中華民国」を台湾、と日本国内で一般的に用いられている呼び名で表記している。国際法用語には〈 〉を使用した。また、補足が必要と思われる用語・語彙については注釈を付けた。サンフランシスコ平和（講和）会議は平和会議で統一する。「残存主権」と「潜在主権」は同じであるが、「残存主権」で統一した。資料に関しては、「日本政治・国際関係データベース」を参考にした。

〈註〉

＊1　先占の法理　国際法において、いずれの国にも属していない無主の土地を、他の国家に先んじて支配を及ぼすことによって自国の領土とすることである。〈無主地先占〉とも、〈先占の法理〉ともいわれる。近世初期の国際法において〈先占〉の法理が承認されていった背景として、新大陸、新航路の「発見」に伴い展開された、植民地の獲得、国際通商の独占を目指した激しい国家間の闘争が挙げられる。ヨーロッパ諸国が非ヨーロッパの未開地域を植民地として獲得する手段として、自らの植民地支配を正当化する根拠とした。国家間の行動を共通に規律することを目指す国際法の背景には、他国に対して自国の行動を正当づけるといった動機が背景になっていた。

＊2　施政権　信託統治地域において、立法・司法・行政の三権を行使する権利（三省堂『大辞林』）。

＊3　米国の軍事基地を保有する目的　一九五〇年一月、スチムソン(Henry Lewis Stimson)国務長官の声明、並びに同年九月の大統領宛て覚書にて、北緯29度以南の琉球諸島に対する米国の排他的な戦略的支配の確保の必要が明言されていた。

＊4　カイロ宣言　一九四三年一一月二七日、第一次カイロ会談の最終日にアメリカのF・ルーズベルト、イギリスのW・チャーチルおよび中華民国の蔣介石の三首脳が署名し、同年一二月一日に発表された対日戦の基本目的についての宣言。

＊5　ヤルタ協定　一九四五年二月四日〜一一日、アメリカ合衆国・イギリス・ソビエト連邦による首脳

会談。第二次世界大戦が終盤に入る中、ソ連対日参戦、国際連合の設立について協議されたほか、ドイツおよび中部・東部ヨーロッパにおける米ソの利害を調整することで、大戦後の国際レジームを規定し、東西冷戦の端緒ともなった（ヤルタ体制）。

＊6 ポツダム宣言　第二次世界大戦末の一九四五年七月二六日、米・英・中三ヵ国の首脳の名前で発せられた日本に無条件降伏を要求する共同宣言。

＊7 主権　他国の意思に左右されず、自らの意思で国民および領土を統治する権利。独立権と同じ。国家の意思や政治のあり方を最終的に決定する権利（「附音挿図英和字彙」一八七三年に英語 sovereignty の訳語の一つとして載る）（三省堂『大辞林』）。

＊8 残存主権　潜在主権ともいわれ、一国の領域に対し他の国家が施政権（信託統治地域において立法・司法・行政の三権を行使する権利）を行使する場合に、その領域に「主権」を有する国家に残されている権限。一九五一年のサンフランシスコ平和会議で、国務長官顧問のジョン・フォスター・ダレスが、米国は沖縄を施政下に置くが、潜在的な〝主権〟は日本にあるとの立場を示したのが原点。

＊9 統治権　国土・国民を治める権利。主権。旧憲法においては天皇の大権とされた（三省堂『大辞林』）。

＊10 欣然　よろこぶさま。楽しげに事をするさま（三省堂『大辞林』）。

＊11 国際法の〈無主地〉　無主地（無人の土地）については、国際法の〈無主地〉は「無人の土地」だけにかぎるのではない。既に「人が住んでいても、その土地がどの国にも属していなければ無主の土地」とされる。例として、ヨーロッパ諸国によって「先占される前のアフリカ」である。そこには「未開の原住民」が住んでいたが、彼らは「国際法上の国家」を構成していなかったゆえに、その土地は「無主の土地」とされた。一九世紀になると、〈先占〉は土地を現実に占有し支配しなければならないと主張され、徐々に諸国の慣行となり、一九世紀後半には、国際法における〈先占〉は実効的で

なければならないことが確立されていった。国際法における〈先占〉の概念とは、以上の経緯からして帝国主義勢力の支配の論理と言え、列強により承認され出来上がった国際法と言える。

尖閣諸島問題と隠された真実
―米国の本音は「中立」―　目次

序論　尖閣諸島問題の本質とは何か ――本書の概要―― 1

国益がぶつかり合う領土問題の難しさ 1
尖閣諸島問題は日米間の問題でもある 4
サンフランシスコ平和会議での各国の熾烈なかけひき 8
領有権について〝中立〟の立場をとる米国 14
尖閣諸島問題に関する優れた研究 16

第1章　尖閣諸島問題をめぐるさまざまな見解 27

1　尖閣諸島の概要 28
2　日本外務省の尖閣諸島についての基本見解と問題点 30
3　日本外務省「尖閣諸島情勢に関するQ&A」の記載 36

4 尖閣諸島調査の実態とその問題点 42
5 尖閣諸島の日本への編入とその問題点 49
6 日清戦争以降の尖閣諸島 53
7 井上清の研究とその論文への反論 56
8 村田忠禧の研究（時代背景と文献） 59
9 中国政府「釣魚島は中国固有の領土である」 65
10 「棚上げ」合意はあったのか？ 70

✵第2章 琉球（沖縄）と尖閣の地位はどう変わったか ………… 77

1 『蒋介石日記』から見る台湾の立場 78
2 米国による沖縄の戦後処理構想 87
3 尖閣諸島周辺での海底資源の発見 92
4 尖閣諸島をめぐる日・台・米・中のかけひき 95
5 〈無主地先占の法理〉と日本の領有権主張 101
6 台湾の「尖閣口上書」と米国の対中政策の変換 108
7 ニクソンは尖閣諸島問題を知らなかった 117
8 国会での領有権主張の変遷（一九七〇～二〇一〇年） 120

9　領土紛争の国家主権概念の変容　126

第3章
米国の尖閣諸島問題への対処方針はどう変わったか……131

1　サンフランシスコ条約以降の日本の「残存主権」を認める　132
2　施政権と領有権を分離する動き　136
3　なぜ「施政権」のみの返還となったのか　145
4　日米安保保障条約の適用はあてにはできない　174
5　米国の本音　183

むすび　187

参考文献　203

尖閣諸島問題関連年表　211

附録資料
【資料1】アメリカの対日平和条約に関する七原則（抜粋）〈一九五〇年一一月二四日〉　220
【資料2】大西洋憲章（英米共同宣言）（抜粋）〈一九四一年八月一四日〉　220

【資料3】カイロ宣言（日本国ニ関スル英、米、華三国宣言）（抜粋）〈一九四三年一一月二七日〉 221
【資料4】対日講和問題に関する周恩来中国外相の声明（抜粋）〈一九五一年八月一五日〉 223
【資料5】「合意された議事録」（抜粋）〈一九七一年六月一七日〉 226
【資料6】繊維問題に関する官房長官談話（抜粋）〈一九七〇年六月二五日〉 227
【資料7】日本繊維産業連盟の対米繊維輸出自主規制に関する宣言（抜粋）〈一九七一年三月八日〉 227
【資料8】日米繊維問題に関する大統領声明（抜粋）〈一九七一年三月一一日〉 228
【資料9】日米繊維協定、日本国とアメリカ合衆国との間の毛製品及び人造繊維製品の貿易に関する日本国政府とアメリカ合衆国政府との間の取極（抜粋）〈一九七二年一月三日〉 230
あとがき 233

第1章

✳ 尖閣諸島問題をめぐるさまざまな見解

1　尖閣諸島の概要

尖閣諸島は、魚釣島（中国名、釣魚島：DiaoYuDao）、久場島（中国名、黄尾嶼：HuangWeiYu）、南小島（中国名、南小島：NanXiaoDao）、北小島（中国名、北小島：BeiXiaoDao）、大正島（中国名、赤尾嶼：ChiWeiYu　琉球王国名、久米赤島）、沖の北岩（中国名、北嶼：BeiYu）、沖の南岩（中国名、南嶼：NanYu）、飛瀬（中国名、飛嶼：FeiYu）の総称であり、総面積は五・一七平方kmである。尖閣諸島は、東経一二三度から一二四度三四分、北緯二五度四四分から五六分の間に点在する八つの小島からなっており、東シナ海大陸棚の東の縁、沖縄トラフの西側に位置し、南西諸島からユーラシア大陸に続く大陸棚の上にある。ここはユーラシアプレートの下にフィリピン海プレートが沈み込んでおり、尖閣諸島は沖縄本島から年々その距離が離れている。

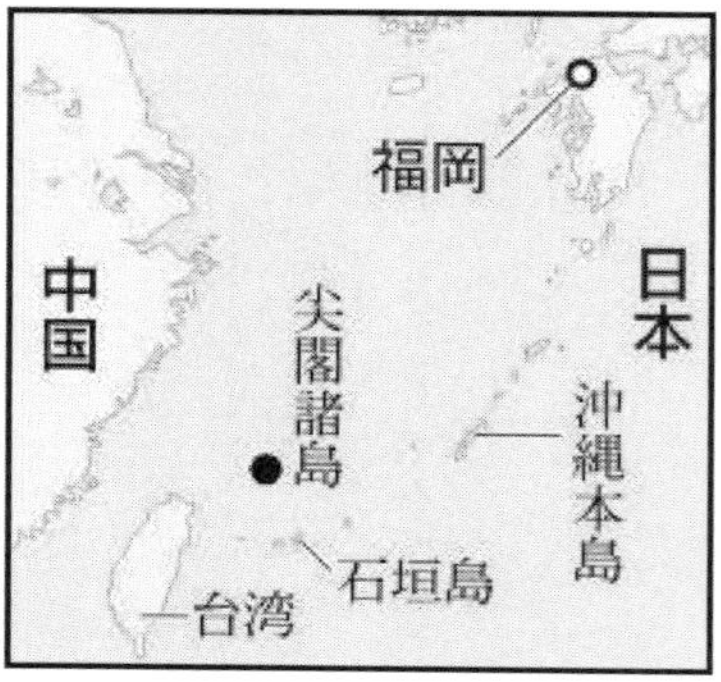

島の大きさは、魚釣島が三・六平方kmで最も大きく、楕円形の島であり、南端部に険しい断崖があり、北端に行くにつれてなだらかな傾斜をしている。十数の伏流水も地層の層理面に沿って南から北に流れる。若干の隆起サンゴ礁が発達している地域を除き、海岸は岩礁性、もしくは断崖である。久場島が、〇・八七平方kmで第二位、円形の火山島で、二、三の起伏がある。最高点は一一八ｍで中央部にある。一、二の砂浜を除いて海岸地域は岩礁性で、壁岩で囲まれ

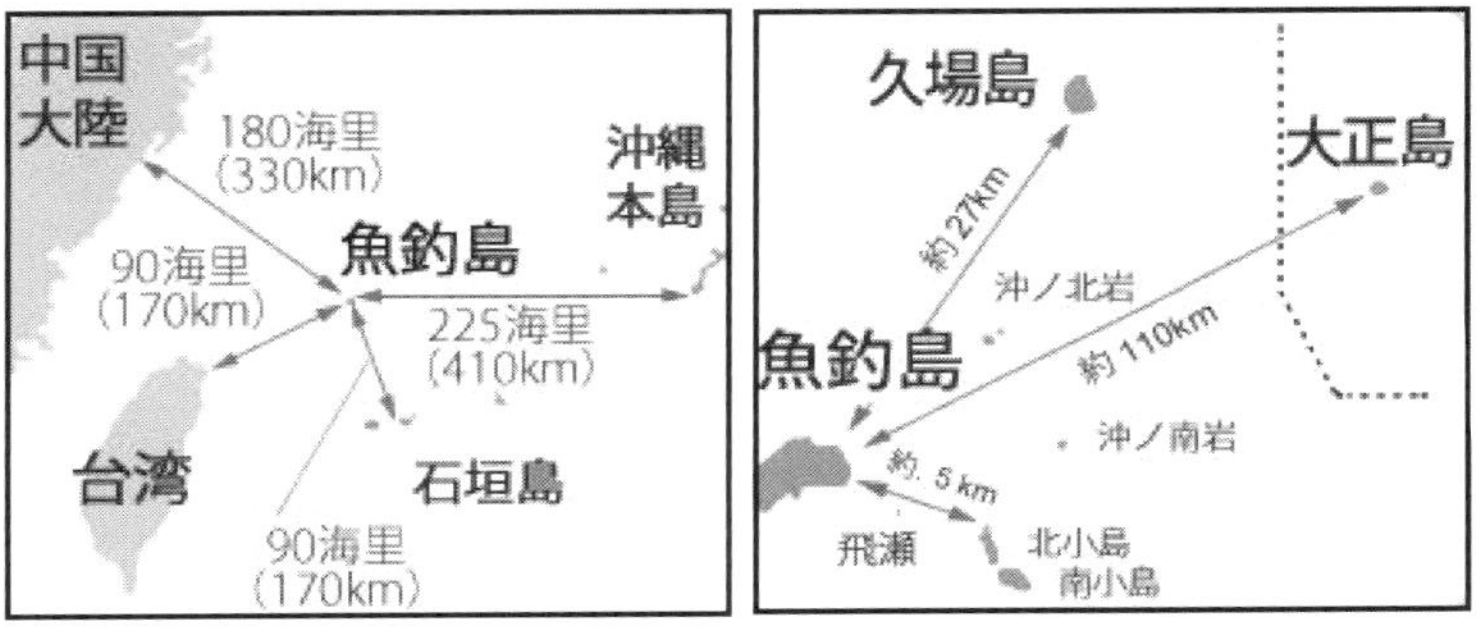

尖閣諸島の位置（外務省HP）

ている。南小島は楕円形の島で、〇・三二平方km、二ヵ所に険しい尖岩をもっている。残りの地域は現世隆起サンゴ礁でできている。北小島は菱形の島で、〇・二六平方km。島の北部（一一九m）と中央部（一一八m）で鋭くとがった地形をしている。大正島は〇・〇四平方kmである。ほぼ大陸棚の東端に位置し、東西方向に約三五〇m、南北方向に約一〇〇m、標高約八一mの島である。

位置的には、中国大陸から三三〇km、台湾から一七〇km、石垣島から一七〇km、沖縄本島から四一〇kmである。また、沖縄トラフは、九州西部から台湾に至る長さ約一〇〇〇km、幅約一〇〇km、最深部二七一六mの背弧海盆《はいこかいぼん》である。沖縄トラフは、尖閣諸島周辺の天然資源の領有権に関する議論、とりわけ大陸棚関係の国連海洋法の重要な議論の背景のひとつになっている。

2 日本外務省の尖閣諸島についての基本見解と問題点

一九七二年一二月、外務省は尖閣諸島問題への基本見解を発表した。その内容について、研究者による数々の問題点の指摘があるが、それらを検証する。

「外務省尖閣諸島についての基本見解」は次の通りである（傍線、太字は筆者が加筆）。

「尖閣諸島が日本固有の領土であることは、歴史的にも国際法上も疑いのないところであり、現に我が国はこれを有効に支配しています。したがって、尖閣諸島をめぐり解決すべき領有権の問題はそもそも存在していません。第二次世界大戦後、日本の領土を法的に確定した一九五二年四月発効、五月発行の琉球諸島及び大東諸島に関する日本国とアメリカ合衆国との間の協定（沖縄返還協定、一九七一年）によりわが国に施政権が返還された地域の中に含まれています。以上の事実は、わが国の領土としての尖閣諸島の地位を何よりも明瞭に示すものです」

「尖閣諸島は、歴史的にも一貫してわが国の領土たる南西諸島の一部を構成しています。元々、尖閣諸島は一八八五年以降政府が沖縄県当局を通ずる等の方法により再三にわたり現地調査を行い、単にこれが無人島であるのみならず、清国の支配が及んでいる痕跡がないことを慎重に確認の上、一八九五年一月一四日に現地に標杭を建設する旨の閣議決定を行って正式にわが国の領土に編入することとしたものです。また、尖閣諸島は、一八九五年五月発効の下関条約第二条に基づきわが国が清国より割譲を受けた台湾及び澎湖諸島には含まれていません。中国が尖閣諸島を台湾の一部と考えていなかったことは、サンフランシスコ平和条約第三条に基づき米国の施政下に置かれた地域に同諸島が含まれている事実に対し、**従来なんら異議を唱えなかった**ことからも明らかであり、中華民国（台湾）は一九五二年八月発効の日華平和条約でサンフランシスコ条約を追認しています」

「中国政府及び台湾当局が尖閣諸島に関する独自の主張を始めたのは、一九六八年秋に行われた国連機関による調査の結果、東シナ海に石油埋蔵の可能性があるとの指摘を受けて尖閣諸島に注目が集まった一九七〇年代以降からです。従来中華人民共和国政府及び台湾当局がいわゆる歴史的、地理的ないし地質的根拠等として挙げている諸点は、いずれも尖閣諸島に対する中国の領有権の主張を裏付けるに足る国際法上有効な論拠とはいえません」

これは概ね〈無主地先占の法理〉に基づいた解釈であるが、作家・評論家の保阪正康や歴史学者の村田忠禧らはいくつかの矛盾点を指摘している。また、共同通信元台北支局長の岡田充は台湾・中国に関する部分について見解を述べている。〈無主地先占の法理〉については第２章で検証する。なお日華平和条約とは、中華民国（台湾）と日本の間で締結された条約であり、一九五二年八月五日に発効したが、一九七二年九月二九日、日中国交回復により失効した。この条約は台湾の地方政権と結んだ協定であるという解釈と国際的に認められた合法政府との協定という二つの解釈がある。

保阪は、「沖縄返還協定により米国から施政権が返還された地域の中に尖閣諸島が含まれている」という部分について以下のように述べている。一九四五年の第二次世界大戦終戦、カイロ宣言とポツダム宣言により、日本の敗戦にともない国民党軍の台湾への進駐及び、一九五一年のサンフランシスコ平和条約第二条で「日本国は、台湾及び澎湖諸島に対するすべての権利、権限及び請求権を放棄する」と規定された。他方、同条約第三条は「北緯29度以南の南西諸島（琉球諸島及び大東諸島を含む）を、米国を唯一の施政権者とする信託統治制度の下におくこととする国際連合に対する米国のいかなる提案にも同意する」と規定されているが、「尖閣諸島」は、いずれの条文にも明示されていないと指摘している。

沖縄返還協定第一条「施政権の返還」第1項には「アメリカ合衆国は、2（第2項のこと）に定義する〈琉球諸島及び大東諸島〉に関し、一九五一年九月八日にサンフランシスコ市で署名された日本国との平和条約第三条の規定に基づくすべての権利及び利益を、この協定の効力発生の日から日本国のために放棄する。（後略）」とある。

これについて村田は、「琉球諸島及び大東諸島」とは、講和条約の第三条に基づいて米国に与えられた全てに定義する領土・領水の内、これまで米国から返還された奄美諸島や「南方諸島及びその他の諸島」などの部分を除いてという意味であり、決して、米国は尖閣諸島が沖縄に帰属するか否かを含めて明確な判断を下しているわけではないと指摘している（第3章2参照）。

岡田は、自著で「台湾のサンフランシスコ条約の追認」や「中国がサンフランシスコ平和条約第三条に基づき米国の施政下に置かれた地域に同諸島が含まれている事実に対し、従来なんら異議を唱えなかったこと」に対して、常識的に考えれば米国の「軍事的保護」下にあった蔣介石政権にとって尖閣諸島が米国の施政権下に置かれていれば、共産党と対峙する台湾の利益とは相反しないと指摘している（第２章６参照）。よって、台湾が異議を唱えなかったのは当然であるとしている。

さらに岡田は、周恩来が一九五〇年六月二八日に「台湾と中国に属するすべての領土の回復」を目指す中国人民の決意を表明しており（一九五〇年一月、米スチムソン国防長官は日本に軍事基地を保有する声明を出していた）、「日本外務省尖閣諸島についての基本見解」において、中国は「従来なんら異議を唱えなかったことからも明らかであり（上記「外務省尖閣諸島についての基本見解」の太字部分）」という文言は確定できない、何故なら、周恩来は一九五一年八月一五日にサンフランシスコ平和条約に反対し、「対日講和問題に関する周恩来中国外相の声明」の中で、日本が台湾と澎湖諸島及び千島列島、樺太南部とその付近のすべての島嶼にたいする一切の権利を放棄すると規定しているだけで、台湾と澎湖諸島を中華人民共和国へ返還することを述べてないと指摘していた（巻末資料４参照）。また、一九五〇年一二月五日の『人民日報』は、中国政府は条約に参加しておらず、サンフランシスコ平和条約は不法で無効、受け入れないと表明していた。当時、中国の代表権を巡って、米、英の意見が合わなかったこともあり、サンフランシスコ平和条約調印式には、台湾も中国も参加していなかった。ちょうど、朝鮮戦争（一九五〇年六月二五日～五三年七月二七日休戦）と重なる時期でもあった。

中国は、台湾とその付属諸島（尖閣諸島）はサンフランシスコ平和条約締結以前は中国領であったと主張しており、米国の琉球諸島及び大東諸島の信託統治に反対したと考えられる。一九七一年一二月三〇日の北京放送でも、「台湾に付属する尖閣は日本によって米国の手にゆだねられた。これはもともと不法である」と主張している。

以上のように、保阪正康、村田忠禧、岡田充の研究において「外務省尖閣諸島についての基本見解」についての矛盾点が指摘されているが、筆者は、「領有権の問題はそもそも存在していません」という文言は、現に中国・台湾が領有権を主張していることから、極めて危険な態度であり、このような硬直的な態度は、日本の行動の選択肢を狭めることにもなると考える。国際法学者の松井芳郎も、「問題は存在しない」とする日本政府の立場は国際法的には通用しないもので、「外交上の争いがある」ことを認めるべきとしている。それは、日韓の領有権問題である「竹島」についての外務省の対応とは真逆であり、矛盾していると言える。

「我が国は、竹島の領有権をめぐる問題を、平和的手段によって解決するため一九五四年から現在に至るまで、三回にわたって国際司法裁判所に付託することを提案してきましたが、韓国側は全て拒否しています。国際社会の様々な場において、重要な役割を果たしている韓国が、国際法に基づいた解決策に背を向ける現状は極めて残念ですが、我が国は、引き続き、国際法にのっとり、冷静かつ平和的に紛争を解決するために適切な手段を講じていく考えです」（外務省「日本の領土をめぐる情勢」）[*1]

〈註〉

＊１適切な手段　日本は二〇一二年八月一七日、竹島問題について国際司法裁判所（ＩＣＪ）に提訴する方針を表明したが、韓国はこれを拒否するとした。韓国がこの件についての「管轄を受諾する宣言」（強制管轄受諾宣言）をするか、あるいは日本側の提訴に対して「応訴」しないかぎり、裁判は始まらないルールである。

3　日本外務省「尖閣諸島情勢に関するQ＆A」の記載

日本政府は国民の尖閣諸島についての質問（政府の基本的な立場、領有権の根拠、有効に支配している具体例）に対し、「尖閣諸島情勢に関するQ＆A」で応答しているのでその検証をする。

一九二〇年五月、当時の中華民国駐長崎領事から福建省の漁民が尖閣諸島に遭難した件について出された感謝状に、「日本帝国沖縄県八重山郡尖閣列島」との記載が見られ、中国も尖閣諸島は「日本の領土」として認識していたと述べている。それは、その感謝状にて確認できるとしている。

以下は日本外務省の和訳である（西暦、傍線は筆者が加筆）。

「中華民国八年（一九一九年）冬、福建省恵安県の漁民である郭合順ら三十一人が、強風のため遭難し日本帝国沖縄県八重山郡尖閣列島内和洋島に漂着した。日本帝国八重山郡石垣村の玉代勢孫伴氏の熱心な救援活動により、彼らを祖国へ生還させた。救援において仁をもって進んで行ったことに深く敬服し、ここに本状をもって謝意を表す。

中華民国駐長崎領事　馮冕　中華民国九年（一九二〇年）五月二〇日」

岡田充は、この感謝状の中に「日本帝国沖縄県八重山郡尖閣列島」との記載があることについて、これは、日本が台湾を領有していた時代であり「尖閣は台湾に所属する島嶼」という立場の台湾から見れば矛盾した論理とは言えない、としている。

また、「尖閣諸島情勢に関するＱ＆Ａ」には『人民日報』の記事「琉球諸島における人々の米国占領反対の戦い」（一九五三年一月八日）が掲載されている。そこでは、「琉球諸島は、我が国（注：中国。以下同様）の台湾東北部及び日本の九州南西部の間の海上に散在しており、尖閣諸島、先島諸島、大東諸島、沖縄諸島、大島諸島、トカラ諸島、大隅諸島の七組の島嶼からなる」（傍線は筆者が加筆）との記載から、外務省は「尖閣諸島は琉球に含まれている」と主張している。しかし、これについては、清華大学の劉江永教授が「文末に作者名が入っておらず地名表記の翻訳だと思う。当時の政府の立場を代表するものではない」と反論している。

また、矢吹晋は、以下のように述べている。

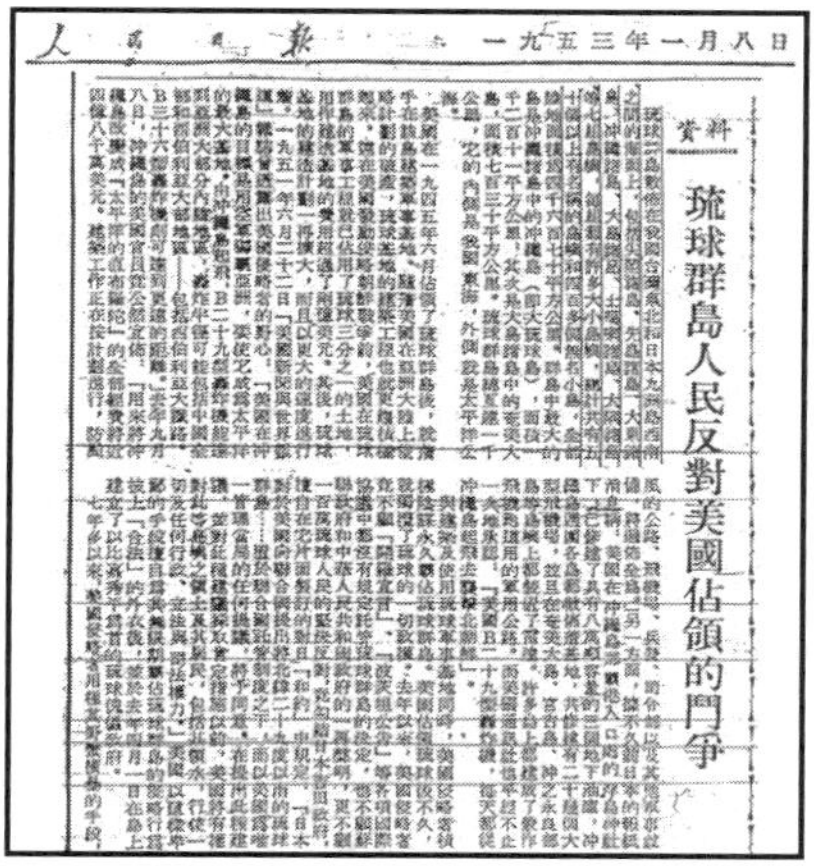
人民日報　一九五三年一月八日

資料

琉球群島人民反對美國佔領的鬥爭

『人民日報』の記事（「尖閣諸島情勢に関するQ&A」）

「これは米国が一九四五年六月に琉球群島を占領して以後、軍事基地を建設したこと、それは朝鮮戦争が始まる前であること、琉球の三分の一に相当する土地を基地としたこと、などを*US News and World Report, June 22,* 1951 等の資料に基づいて記述した解説記事である。要するに中国共産党の『時事解説』にすぎない。当時の時点で、中華人民共和国は『日本とも米国とも国交がなく』『国連の代表権も台湾の中華民国が行使』していた。国際的に認知されていない中華人民共和国側の発言、それも単なる時事解説をもって、正常な国家間関係にある国の発言と認めることができるであろうか」。

また、中国の地図出版社が出版した『世界地図集』（一九五八年）の中に、尖閣諸島を「尖閣群島」と明記し、沖縄の一部として取り扱っていると外務省も主張しているが、中国側は、同地図集には「中国との国境線の部分は、抗日戦争前（すなわち台湾が日本植民地だった時代）の地図を基にしている」との注記があり、この地図における記載のみをもって当時の中国政府が、日本の尖閣諸島への支配を認めていたという根拠にはなり得ないと主張している。中国側が指摘する注記は、原文では「本地図集の中国部分の国境線は解放前の申報（注：当時の中国の新聞）の地図を基に作成した（中文：本図集中国部分的国界線根据解放前申報地図絵制）」とのみ記述している。具体的にどの部分が解放前のものかは不明であるが、そもそも、同地図では台湾を中華人民共和国の領土として記載しており、台湾の附属島嶼であると主張する尖閣諸島に関する記述だけを、台湾が日本の植民地であった時代の表記で残すことは不自然であると感じられる。

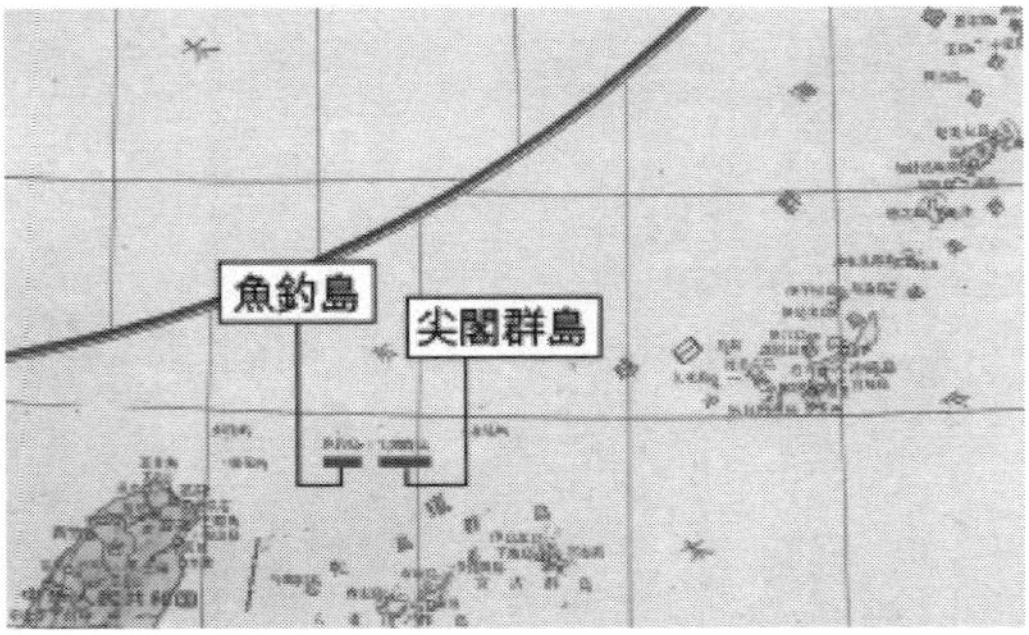

『世界地図集』（1958年出版）
（「尖閣諸島情勢に関するQ&A」）

「中国で発行された地図が、尖閣諸島を領土から除外している」という指摘については、米国のジャーナリストであり、オピニオン・コラムニストとしてもニューヨーク・タイムズ紙やブログで執筆活動を行っているニコラス・クリストフが「Nicholas Kristof's blogs」“*The Inconvenient Truth Behind the Diayu/senkaku Islands*”『NY Timesウェブ版』のブログでの記述で、この地図（一九五八年）上で、尖閣諸島を領土から外していたことについては、地図帳の奥付に、国境線は一九三七年から一九四五年の第二次世界大戦前に編集された地図をもとにしている、と書かれていたとして、外務省の見解を否定している(http://kristof.blogs.nytimes.com/2012/09/19/the-inconvenient-truth-behind-the-diaoyusenkaku-islands.)。

しかし、『尖閣問題の起源』の著者であるロバート・D・エルドリッヂは、クリストフの尖閣諸島に関する中国側の主張は歴史的事実に裏付けられていると考える傾向にあるが、それに同調できないとしている。

岡田充は、同じく外務省が指摘している『両種海道針経』（一九六一年九月第一版）は、中華書局から『順風相送』（一四〇三年）（一五七一年説もある）と『指南正法』（清初に出された航海指南書）と併せて、北京大学歴史教授であった向達の校注によって出版されたものとして次のように述べている。福建と琉球だけの航路だけでなく、琉球と日本の神戸往来のコースも紹介されているもので、『順風相送』には、「釣魚嶼」と記載されている。そこで、向達は日本側の地図を用いて校注していたので、その中では「尖閣群島」や「魚釣島」という日本名の記述通りに従って作業していた。一九八二年の第二版では、日中双方が領有権を主張していたので、「尖閣群島」や「魚釣島」という日本名は、中国名に書き換えていると指摘している。

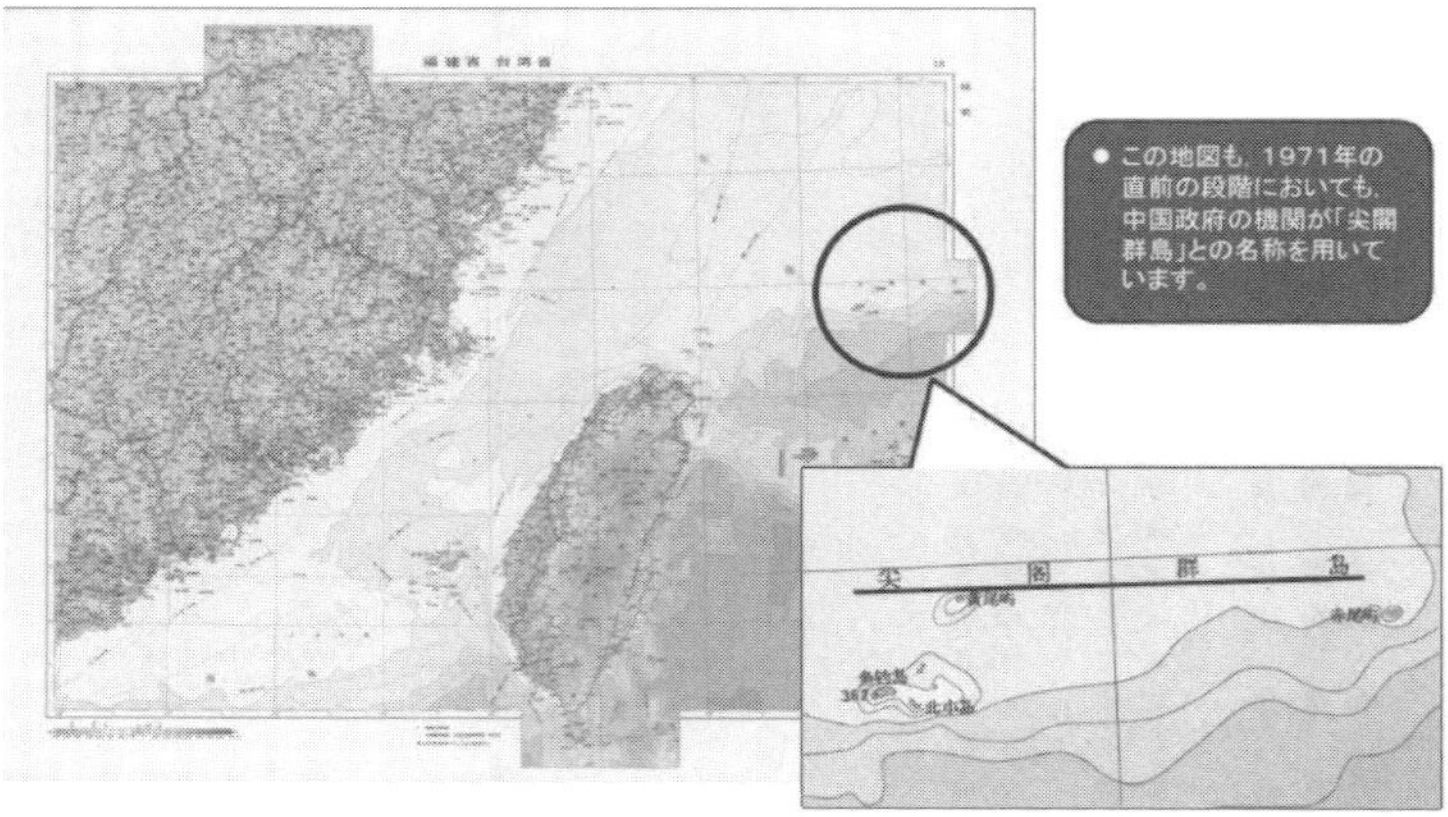
この地図も、1971年の直前の段階においても、中国政府の機関が「尖閣群島」との名称を用いています。
尖阁群岛

「中華人民共和国分省地図」（中華人民共和国国家測絵総局、1969年）
（外務省ホームページの尖閣資料）

外務省「尖閣諸島情勢に関するＱ＆Ａ」の記載は、日本側の尖閣諸島の領有権を主張する根拠〈無主地先占の法理〉や〈先占の法理〉に関するものではなく、書面、紙面、地図においての記述の間違いだけの指摘である。また、雑誌『世界』の「尖閣問題」では、台湾の学者、林金茎元駐日代表の『戦後中日関係と国際法』（一九八七年）によると、日本で出版された地図二十一種類、大百科事典のうち、「釣魚島」と記載しているものも複数あったという。

二〇一五年二月二三日の衆議院予算委員会で自民党の原田義昭衆議院議員が、一九六九年発行の中国の地図が尖閣諸島（沖縄県石垣市）を日本語名で表記していたことを指摘した。岸田文雄外務大臣が「貴重な資料」と評価し、三月一六日、外務省は公式サイトに掲載した。地図は、日本の国土地理院にあたる政府機関「中国国家測絵総局」（当時）が発行した地図集の一部。地図では尖閣諸島を「尖閣群島」と表しているほか、尖閣諸島の西端に位置する「魚釣島」の名前も日本名で明記されている。

これについての反論はまだ目にしていないが、強いて言うならば、中国国内は文化大革命（一九六六〜七六年）により国内が乱れており行政統制がとれていなかったということではないかと考えられる。そうだとしても、これは日本の主張に有利に働くものだが、芹田健太郎は、国際法上、島名は係争中の島の同定のためには重要な意味をもつが、領域帰属をきめるための決定打にはならないとしている（第２章５参照）。

4　尖閣諸島調査の実態とその問題点

ここでは、西村捨三沖縄県令（在任一八八三〜八六年）の懸念と日本政府主張の虚実を検証する。

一八八五年八月一日、内務省は沖縄県に対して、沖縄本島の東に位置する大東島の調査を命じた。西村沖縄県令は八重山を管轄する沖縄県五等属の石沢兵吾他五名の県職員を派遣（八月二一日）し実地調査を命じ、南大東島（八月二九日）・北大東島（八月三一日）に「沖縄縣管轄」と銘打った国標を建てさせた。また、同年八月、山県有朋内務卿は沖縄県に対し、魚釣島、久場島、大正島の三島の調査を命じた。これは、在京の森長義沖縄県大書記官への内命という形で行われた。この日本の動きはすぐに中国側に察知され、九月六日に上海の『申報』が「台島警信」と題する記事にて「《文匯報》登有高麗傳來信息、謂台灣東北邊之海島、近有日本人懸日旗於其上、大有占踞之勢、未悉是何意見、姑錄之、以俟後聞」と報じた。和訳すると、『文匯報』の記事は以下のようである。高麗からの消息により、台湾東北辺の海島にて、近頃、日本人が日本の旗を掲げたと報じている。大いに占拠する勢いがあり、その意図は如何なるかまだ窺えないが、ひとまずこれを記録し、後の報告を待つとする」（和訳　権鎏）となる。

当時の日本側の計画は大東島と釣魚台三島を対象としたものであり、大東島は台湾の東北辺にはなく、琉球本島を隔てているため、「台島警信」で指す「台湾東北辺の海島」は釣魚台列

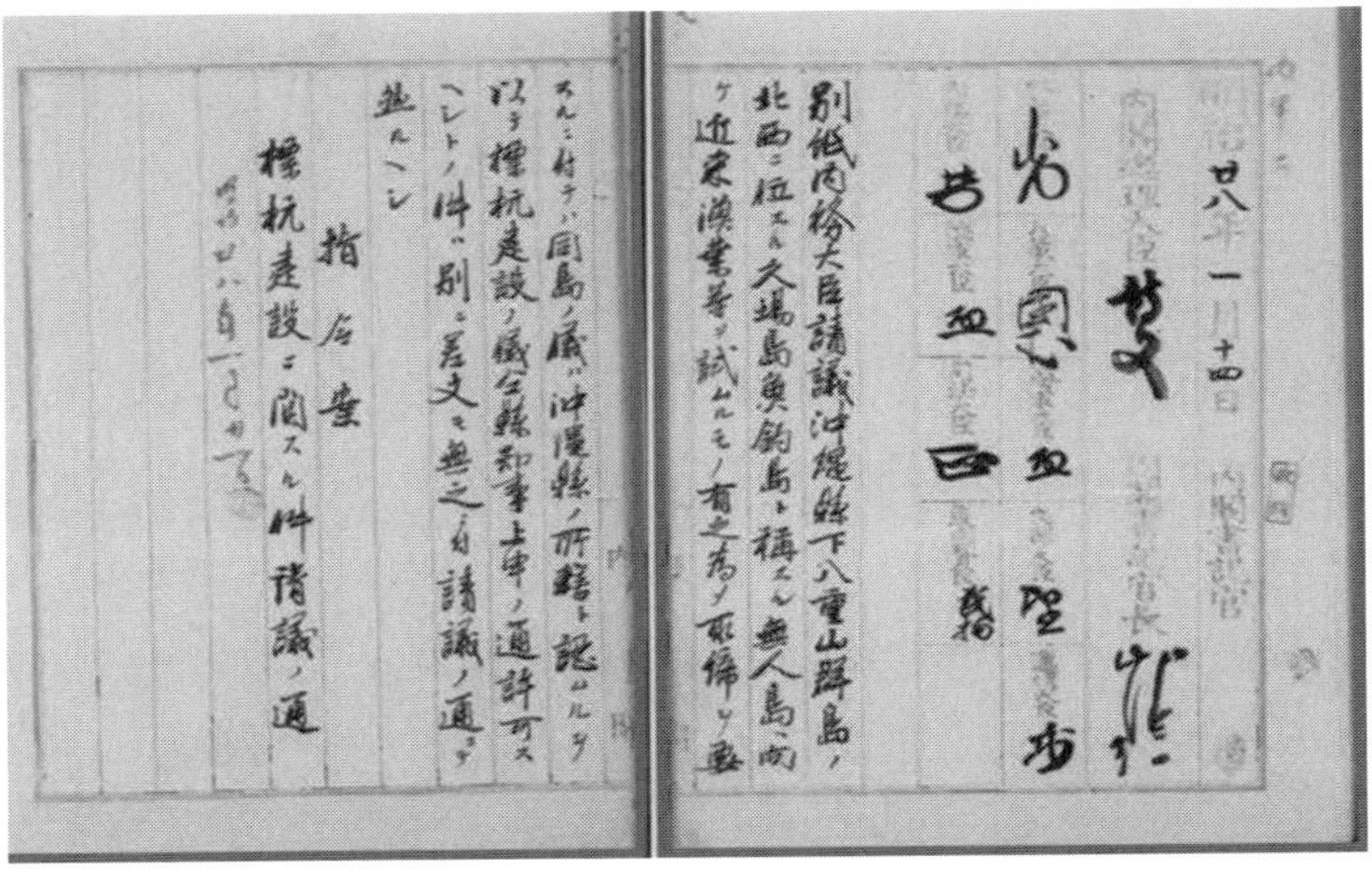

『標杭建設に関する件』閣議記録（1885年1月14日）及び指令案（1885年1月21日）
（アジア歴史資料センター資料　レファレンスコード：A01200793600）

島を指していたと思われる。西村沖縄県令は、石沢兵吾に琉球と福州との間の往復経験者からの聞き取り調査を行わせた。九月一四日、往復経験者の大城永保から、中国人が残した痕跡があるという可能性を示唆された。九月二一日、石沢が西村沖縄県令に提出した報告書によると、この三つの島々は、清国の琉球冊封副使徐葆光の『中山伝信録』（一七一九年）の中の釣魚島（魚釣島）、黄尾嶼（久場島）、赤尾嶼（大正島、久米赤島〔琉球王国名〕）だと判明した。翌日の九月二二日、西村沖縄県令は以下のように、山県有朋へ現在の尖閣諸島に国標を建てることに対し危惧を申し立てた。

「本県と清国福州間に散在せる無人島取調之儀に付先般在京森本県大書記官へ御内命相成候趣に依り取調致候処概略別紙の通に有之候抑も久米赤島久場島及魚釣島は古来

本県に於て称する所の名にして而も本県所轄の久米宮古八重山等の群島に接近したる無人の島嶼に付沖縄県下に属せらるるも敢て故障有之間敷と被存候得共過日御届及候大東島（本県と小笠原島の間にあり）とは地勢相違中山伝信録に記載せる釣魚台黄尾嶼赤尾嶼と同一なるものに無之哉の疑なき能はす果して同一なるときは既に清国も旧中山王を冊封する使船の詳悉せるのみならす夫々名称をも附し琉球航海の目標と為せし事明なり依て今回大東島同様踏査直に国標取建候も如何と懸念仕候間（以下略）」（日本外務省編纂『日本外交文書』第一八巻「雑件」、日本国際連合協会発行、一九五〇年、五七四頁）

概略は以下の通りである。

「久米赤島、久場島および魚釣島は古来本県におけるこれら島々への呼称であり、これら本県所轄の久米、宮古、八重島などに接近する無人島嶼を沖縄県の管轄とすることになんら異議はない。だが久米赤島、久場島および魚釣島は以前報告した大東島（本県と小笠原島との間に位置する）と地形が異なり、中山伝信録に記載される釣魚台、黄尾嶼、赤尾嶼と同一のものではないかとの疑いがないわけではない。もし同一である場合は、すでに清国も旧中山王を冊封する使船の詳悉《しょうしつ》（詳細に述べること）するのみならず、それぞれ名称も付しており、琉球航海の目標としていることは明らかである。従って今回の大東島同様、調査時直ちに国標を建ててもいくらか懸念が残る（以下略）」

一八八五年一〇月九日、山県有朋は井上馨へ以上の件の照会を出した。井上は既に『申報』の記事の件を知っており、「清国の猜疑を招く」ことを避けるため、調査に関して「官報幷ニ新聞紙ニ掲載不相成候」とし、秘密保持を継続していた。これには当時の日本と清の力関係は清の方が勝っていたという背景がある。この一年ほど前の一八八四年一二月四日に、日本はベトナムを巡っての清とフランスとの戦争に乗じ、かねてからの中国の属国である朝鮮で清の勢力を駆逐しようとし「甲申政変」[*1]を引き起こした。しかし、清の袁世凱に三日で鎮圧されてしまっていた。

以下は山県有朋に対する井上馨の返信（一八八五年一〇月二一日付）の抜粋である（傍線筆者）。

「　内務卿伯爵　山県有朋殿

外務卿伯爵　井上　馨

清国国境ニモ接近致候。サキニ踏査ヲ遂ゲ候大東島ニ比スレバ、周囲モ小サキ趣ニ相見ヘ、殊ニ清国ニハ其島名モ附シコレ有リ候ニ就テハ、近時、清国新聞紙等ニモ、我政府ニ於テ台湾近傍清国所属ノ島嶼ヲ占拠セシ等ノ風説ヲ掲載シ、我国ニ対シテ猜疑ヲ抱キ、シキリニ清政府ノ注意ヲ促ガシ候モノコレ有ル際ニ付、此際ニワカニ公然国標ヲ建設スル等ノ処置コレ有リ候テハ清国ノ疑惑ヲ招キ候間、サシムキ実地ヲ踏査セシメ、港湾ノ形状并土地物産開拓見込ノ有無ヲ詳細報告セシムルノミニ止メ、国標ヲ建テ開拓等ニ着手スルハ、他日ノ機会ニ譲リ候方然ルベシト存ジ候」

井上清は、この書簡を次のように解釈している。

「この島を日本のものとする原則は、井上も山県と同じである。ただ、今すぐでなく、清国の抗議をしんぱいしなくてもよいような『他日ノ機会』にここを取ろうと言うのである。

山県も井上の意見を受けいれ、この問題は太政官会議にも出されなかった」

井上馨外務卿は、釣魚諸島は清国領らしいということを懸念し、ここを日本領とするなら、清国の厳重な抗議を受けるだろうと恐れた。依って、今すぐでなく清国の抗議を心配しなくてもよいような「他日ノ機会」にここを取ろうという内容であった。

また、石沢兵吾が出雲丸（日本郵船株式会社所属）で尖閣諸島へ実際に調査を行ったのは、一八八五年一〇月三〇日の午前八時から午後二時までの約六時間であり、調査はこの一回のみであった。日本政府の「外務省尖閣諸島についての基本見解」の中では、再三にわたり現地調査を行い、となっているが、これは事実とは異なっている（第1章2「外務省尖閣諸島についての基本見解」参照）。そのことは、一一月四日に、石沢が『魚釣島外二島巡視取調概略』とする報告書を森長義に提出していた事実や、また出雲丸船長の林鶴松も『魚釣、久場、久米赤島回航報告書』を同じく森長義に提出していたことで、その事実は挙証されている。

一一月五日、西村が内務省へ出張中、代理の森長儀が『第三八四号　魚釣島外二島実地取調の義に付上申』を西村捨三の名義で書き、その中で「これらの島に表札建設も差し支えなし」と記して、それを山県有朋に提出していた。一一月二四日、西村はそのことを知るとすぐに、それを否定する上申書を井上馨と山県有朋へと送った。日本の外務省は、森長儀の西村捨三名義の僭称上申書を基に見解を述べていると言える。日本では、吉田松陰や西郷隆盛、後藤象二郎、板垣退助、江藤新平らの征韓論（一八七三年）では、早くから朝鮮半島や中国東北部（満州）への侵攻を論じており、福沢諭吉の脱亜入欧論で分かるように列強入りを願っていた時代である。この森長儀の行動は、国内でナショナリズムが高揚している中での山県有朋に対しての忖度であろう。

約一〇年後の日清戦争勝利確定後（一八九五年一月一四日）になって、日本は尖閣諸島を日本の領有と閣議決定した（この事実を公にする正式文書はない）。しかし、この閣議決定で言及されていたのは魚釣島と久場島（黄尾嶼）だけであり、しかも、閣議決定から一年三か月後の一八九六年四月一日に、勅令により八重島に編入された。大正島（赤尾嶼）の編入決定は約二五年後の一九二一年七月二五日であった。

中国政府が二〇一二年の「釣魚島は中国固有の領土である」の中で主張した「日本の内閣は釣魚島を沖縄県の管轄下に（編入）するという秘密決議を採択した」という文言は、以下の理由であると思われる。

①下関条約（中国名、馬関条約、一八九五年）に至る日清講和会議の際、日本側は尖閣領有を明らかにしてはいなかった。

②「閣議決定」は公表されていなかった（この閣議決定の存在は五〇年以上経った一九五二年三月、『日本外交文書』第二三巻の刊行で初めて公開された）。

③日本の標抗は建てられていなかった（石垣市が標抗を建てたのは一九六九年五月五日である）。

大正島（赤尾嶼）の編入が決定された一九二一年七月二五日以後も、大正島の名は使われず赤尾嶼という中国名を長く使用していた。『世界「尖閣問題」』によると、防衛庁（現防衛省）が一九九五年二月に衆議院予算委員会に提出した「防衛庁資料」でも中国名を使用していた。

しかしながら芹田健太郎は、尖閣諸島の島が中国名であったとしても国際法に照らし合わせれば帰属問題に関係ないとしている（第二章5参照）。

ちなみに、一九三三年に日本国内で発行された地図には尖閣諸島は、琉球諸島に含められて記載されていた。

〈註〉

＊1　甲申政変とは、朝鮮で起こった独立党によるクーデター。親清派勢力の一掃を図り、日本の援助で王宮を占領し新政権を樹立したが失敗した。

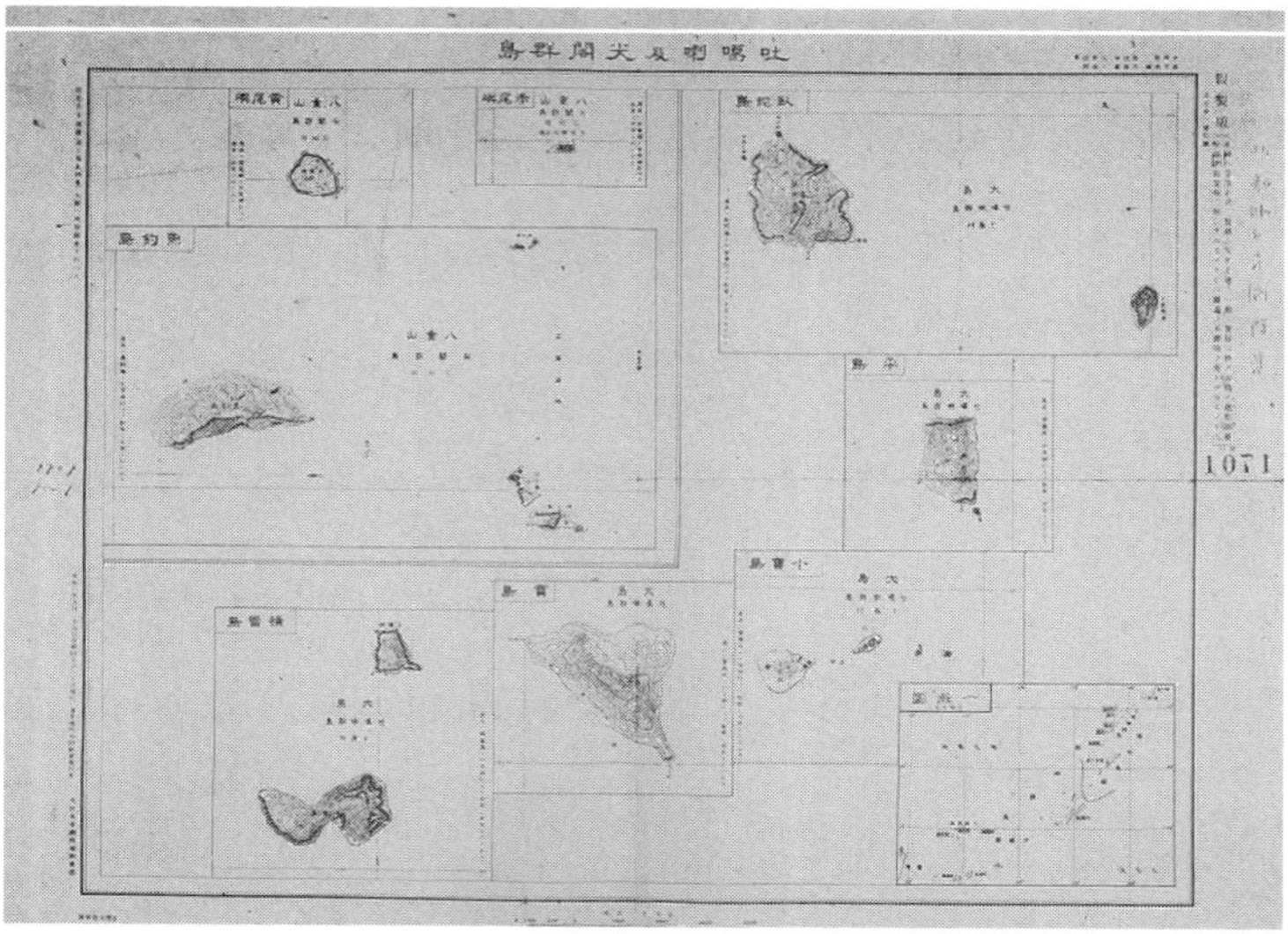

大日本帝国陸地測量部作成「吐噶喇及尖閣群島地図」
（1930年測図・1933年発行）

5　尖閣諸島の日本への編入とその問題点

一八九五年一月の尖閣諸島の日本領土への編入過程を検証する。

古賀辰四朗は、「アホウドリの島（尖閣諸島）」があり、その島には巨大な鳥が群生しており、棒切れで叩けば簡単に獲れるという漁師たちの間の噂話を聞いていた。そこで、古賀は、一八八四年三月、その島に探検隊を送った。調査の結果、漁場としても将来有望と判断し、一八八五年に開拓許可を政府に申請したが、許可は下りなかった。その後、古賀が日本政府から開拓許可を得たのは申請後一二年経った一八九六年九月であった。それは、一八九五年一月に、日本政府がその島（尖閣諸島）を閣議決定で日本の領有としたからであった。その年は、日清戦争に勝利した日本が下関条約で台湾・澎湖諸島・遼東半島を清から割譲された年であった。

古賀は、尖閣諸島八島のうち魚釣島、久場島、南小島、北小島の四島を明治政府から三〇年間無料で借り受け、家屋建設や船着場設置などの開拓事業を行った。事業内容は漁業、羽毛の採集、鰹節の製造、グアノ（海鳥糞）の採掘等であった。また、その功績により、古賀は藍綬褒章を授与されている。尖閣諸島には多い時で九九戸二四八人が住み着いていた。

一九三二年、尖閣諸島は古賀辰四郎の息子古賀善次に払い下げられ、四島は古賀善次の私有地となった。赤尾嶼は国有地であったが、黄尾嶼は私有地であった。古賀辰四郎は尖閣諸島八島のうち四島を開拓した。古賀善次によれば、米軍は一九五〇年から黄尾嶼の賃貸料を払い始めた。一九五八年七月、米国民政府は琉球政府を代理人として古賀との賃貸借契約書に署名していた。一九五九年に古賀善次は石垣市に四〇〇ドルを支払い、一九七一年からは日本の税法に基づいて毎年四五〇ドルの土地税を支払っていた。

一九四〇年頃から沖縄海域の戦況が悪化し、古賀の事業は島を引き払った時点で終了した。日本の実効支配は一九四五〜一九七一年の間、中断していた。以降魚釣島は無人島になって現在に至っている。

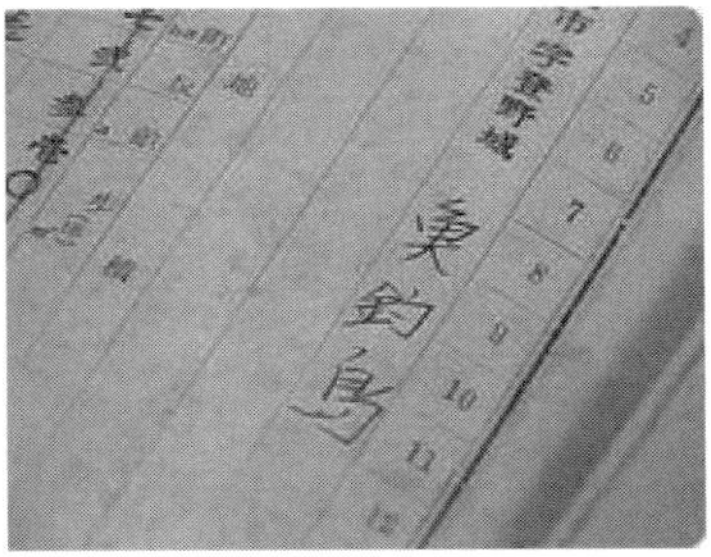

魚釣島土地登記簿
（尖閣ライブラリー）

一八八五年当時、日本政府は、沖縄県令である西村捨三から山県有朋宛への上申書（第1章4参照）により、尖閣諸島への清国の何らかの関わりを知っていたはずである。井上馨や山県有朋の書簡を見れば、明らかに二人は清国による抗議を予想して慎重に行動していたことが分かる。それから一〇年後の一八九五年一月の尖閣諸島の日本への編入は、日清戦争の下関条約の三か月前であった。しかし、清国への事前照会なしでの尖閣諸島の編入は不自然であると言える。清国側からすると、そのことは知る術もなかったし、例え知っていても、日清戦争の敗色が明確になり、台湾割譲が想定され実行される時に無人の尖閣諸島のことを議論することはなかったであろう。日本は、下関条約の数か月前に〈無主地先占〉を閣議で決定したと主張している。

日本が閣議決定による尖閣諸島編入を国外へと公表したのは、中国、台湾と同時期の一九七〇年八月三一日であった。その日に、琉球政府立法院が初めて公的に尖閣諸島の領有を主張した。また、日本政府としては、九月七日に衆議院科学技術振興対策委員会において、外務省条約局の山崎敏夫参事官が「領有権に関しましてはまさに議論の余地のない」「明らかにわれわれの領土」と初めて明瞭に答弁した。政府閣僚としては、九月一〇日、愛知揆一外相が尖閣諸島の領有権を明言した。

台湾は一九七一年三月一五日に、周書楷駐米大使から米国務次官補・マーシャル・グリーンに口上書を提出し、尖閣諸島は中国の一部だと訴え日本返還に反対した。中国は一九七一年一二月三〇日に、中国外交部から「尖閣諸島の領有」の声明が出され、尖閣諸島が沖縄返還協定の返還区域に含められているとして批難した。このように、日本、中国、台湾は、ほぼ同時期に尖閣諸島の領土宣言をしたのである。

古賀村の人々、前列中央が古賀善次
（尖閣ライブラリー）

外務省の「尖閣諸島に関するQ＆A」の中では、「中国政府及び台湾当局が尖閣諸島に関する独自の主張を始めたのは、一九六八年秋に行われた国連機関による調査の結果、東シナ海に石油埋蔵の可能性があるとの指摘を受けて尖閣諸島に注目が集まった一九七〇年代以降からです」としており、中国及び台湾のことだけを言及し、日本が尖閣諸島の領有を公にした時期を載せていない。それは前述のとおり一九七〇年八月三一日であり、「尖閣諸島に関するQ&A」の該当部分は恣意的に作成された可能性もある。

改めて整理すると、①日本（一九七〇年八月三一日）、②台湾（一九七一年三月一五日）、③中国（一九七一年一二月三〇日）となる。ちなみに、日本政府は一八七六年の小笠原諸島編入の際には、それを各国公使に通告し、一九〇五年の竹島の島根県編入においてもその旨を公示していた。

6　日清戦争以降の尖閣諸島

日本が軍国主義を以て台湾・澎湖諸島を植民地化した時代から、太平洋戦争敗戦までの尖閣諸島の経緯を取り上げる。

日清戦争の後半、日本は尖閣諸島を日本の領有と閣議決定（一八九五年一月）したが、日本政府が公的に尖閣諸島の領有を宣言したのは、約七五年後の一九七〇年八月三一日であった。芹田健太郎はこの宣言について、〈先占〉完成のための必須条件とする説（アフリカの分割に関して一八八五年のベルリン会議一般議定書第六章第三四条）もあるが、パルマス島事件判決やクリッパートン島事件判決に見られるように通説はこれを否定しているとしている（第２章８参照）。

その反論として、倪志敏は『尖閣諸島（釣魚島）問題はどう論じられてきたか―日中国交正常化・平和友好条約交渉過程の検証』の中で、国際法上では〈先占〉が有効となる中核的な要件は、「国家が領有の意思を示さなくてはならない」とし、「この領有意思は、該当地域を国の版図に編入する旨の宣言、立法上または行政上の措置、他国への通告によって表示される」と定めている。しかし、日本の閣議決定は、『官報』に掲載されておらず、新聞紙上でも報道されなかった。さらに、一八九六年三月、明治天皇が発した勅令第一三号「沖縄県の郡編成に関する件」では魚釣島（釣魚島）と久場島（黄尾嶼）二島への言及もなかった。この領有過程は、一九五〇年と一九五二年に出版された『日本外交文書』第一八巻と第二三巻によりその輪郭が初めて明らかにされ、それまで中国及び国際社会は全くその経緯を知らなかった。それは領土編入手続きとしては致命的欠陥であると述べている。

芹田健太郎が言うパルマス島事件判決とクリッパートン島事件判決の概略を以下に述べる。

フィリピン群島のミンダナオ島の南に位置するパルマス島は、一九〇六年から二八年の間、米国、オランダ両政府間が互いに領有権を主張する地域であった。一八九八年のパリ条約により、スペインからフィリピン諸島を獲得していた米国は、パルマス島がフィリピン諸島に含まれるために、本島は米国領であると主張した。その根拠として、フィリピン諸島に地理的に近いことや、スペインによって発見、領有されたこと、また一六四八年のミュンスター条約と多くの地図によりスペイン領であったことが見てとれることを挙げた。しかし、この領土問題は最終的に両政府から指名をうけたスイス人、マックス・フーバーによる仲裁裁判によって、オランダの領有権を認める形で一九二八年に解消された。このとき決定的となったのは、オランダが長期間、他国からの妨害や抗議をうけることなく本島に主権を行使していたことであった。結局、パルマス島事件の判決では、一七〇〇年～一八九八年と一八九八年～一九〇六年の間に断続的にオランダの主権の行使とみなせる行動があったこと、そして、それらが他所からの抗議なしに平穏になされたことの二つの事実が実効的な先占を示すものとして充分とされた。長期間抗議をうけずに実行支配し続けたという事実が決め手になったのだ。

また、メキシコ、フランス間のクリッパートン島事件では、無人島のクリッパートン島に領有の意志をもって上陸し、各国に領有の通達を可能な範囲で行ったことを理由に、フランスの実効的先占が認められた。

日清戦争中、日本軍優勢下での講和条約が進展するなかで、日本は台湾と澎湖諸島を占領し、台湾と澎湖諸島の割譲を講和の条件とした。伊藤博文、陸奥宗光と李鴻章との間で、米国の仲介により下関条約が締結された。下関条約第二条で、清は、遼東半島・台湾・澎湖諸島を日本に割譲した。これにより、日本の領土は台湾の高雄及び澎湖諸島まで拡大した。台湾の付属諸島（中国主張）である尖閣諸島は、日本の閣議決定などに関係なく日本の領土になった（中国主張）とも言える。結果、日本は日清戦争勝利で台湾、澎湖諸島、尖閣諸島（遼東半島は、露仏独の三国干渉にて手放す）を手に入れた。しかし、台湾、澎湖諸島は正式に清から割譲されたものであるが、尖閣諸島は、下関条約の直前に日本が閣議決定し、日本の領土とした（日本政府主張）ものだった。いずれにせよ、尖閣諸島は日本が台湾を割譲された後は、八重山とともに台湾経済圏の一部として一体化していった。しかし五〇年後、日本はポツダム宣言受諾後、台湾、澎湖諸島を放棄し、それ以後、尖閣諸島は沖縄と同じく米国の施政下に入った。そして日本人の意識から忘れ去られてしまった。そのことは、後に述べる奥原敏雄や高橋庄五郎の言葉でも理解できる。奥原は那覇の日本政府事務所では、魚釣島のみならず尖閣列島の島々の名前さえはっきり知らなかったと驚いていた。そして、米国は対日平和条約第三条により、南西諸島・南方諸島に排他的な「施政権」を得たのであった（第3章1参照）。

尖閣諸島は、日本の閣議決定により日本の領土となったのか、それとも、下関条約によって中国から日本へ割譲されたものなのか、この問題の重要なポイントである。

7　井上清の研究とその論文への反論

井上清の尖閣研究とその反論を検証する。

一九七二年、マルクス主義歴史学者井上清は、『「尖閣」諸島―釣魚島の史的解明』の中で、「尖閣諸島は明の時代から中国領で、日清戦争の時に日本が盗み取ったものだ」と主張した。一七八五年の日本側文献の中で、江戸時代の経世論家、林子平の『三国通覧図説』の付図、「琉球三省并三十島の図」の中では、尖閣諸島は中国本土と同じ桜色に塗られており琉球本土は薄茶色に塗られていたと指摘している。これが井上が「尖閣諸島は中国領である」とする根拠である。

二〇〇七年、濱川今日子は、「この地図は、台湾が正式に編入された以降に作成されたにもかかわらず、台湾を中国と異なる黄色に塗り、その大きさを沖縄本島の三分の一に描くなど、不正確な点も多い」と法的証拠として採用できないと自身の論文「尖閣諸島の領有をめぐる論点」で反論している。台湾を黄色、尖閣を桃色に分けて彩色しており、中国政府の「台湾の附属島嶼」という公式見解を否定しているとも言えるが、ともあれ、江戸時代に、私人である林子平が描いたものであることを考慮すると、法的証拠の価値は低いと感じる。

井上清は、尖閣諸島は明の時代（一三六八〜一六四四年）から中国領としているが、以下は明代一四六一年には中国領ではなかったことを示している資料（所蔵・東京大学東洋文化研究所）

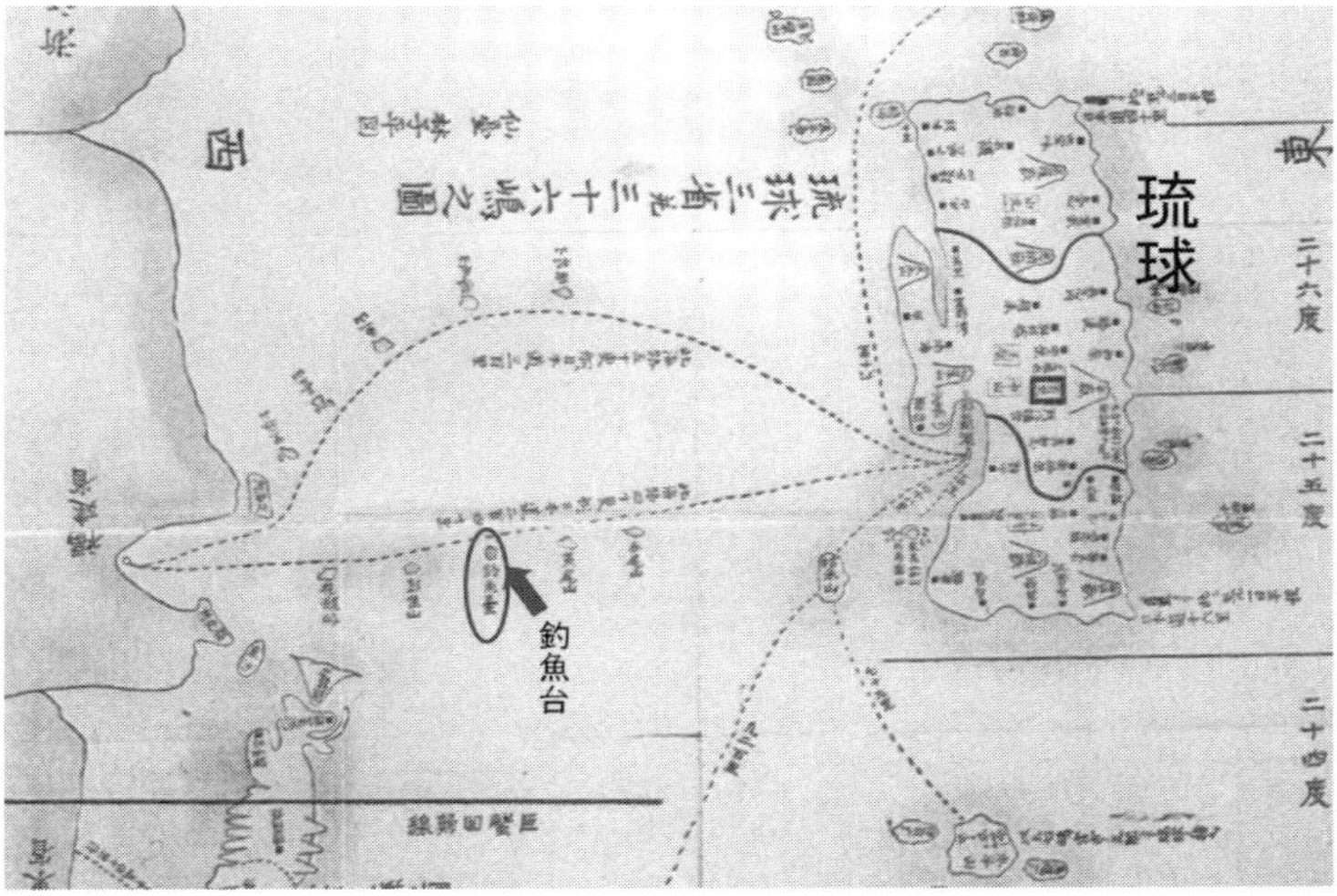

『三国通覧図説』付図「琉球三省并三十島の図」
（『「尖閣」諸島―釣魚島の史的解明』より）

である。

英宗皇帝の勅命により編纂された総合地誌『大明一統志』（全九〇巻）は、第七四巻から第七八巻までは福建省の巻である。最初に福建全土の沿革を略述し、次いで各論で福建省の全八府を詳述している。八府の内、この時代まで琉球への出航地は泉州府であった。泉州の領域は東に海岸までと明記されているため、尖閣諸島は明確に泉州の領域線外に位置することがわかる。また八府の首府福州は尖閣諸島の正西方向に位置し、後に琉球への出航地となるが、同様に領域は東に海岸までと明記されている。そのため、尖閣諸島は明確に福州の領域線外に位置することがわかる。

奥原敏雄は、井上が尖閣諸島の領有権問題を考えるにあたって必要な、国際法の〈無主地先占の法理〉と〈先占の法理〉自

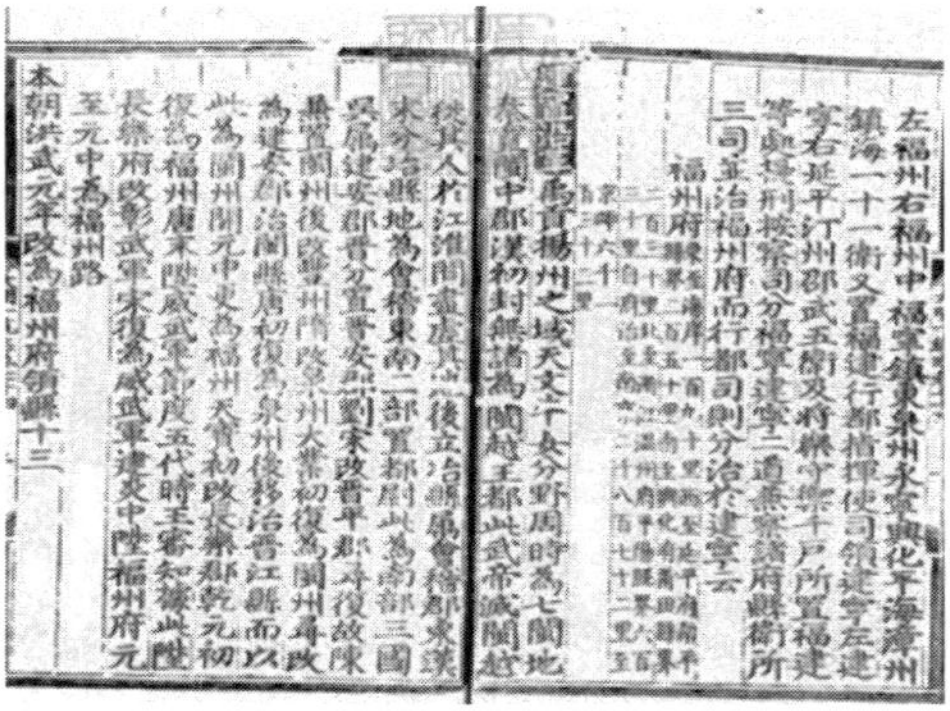

『大明一統志』1461年陰暦4月（内閣官房）

体を、欧米植民地主義、帝国主義の利益にのみ奉仕するものであるとしている。その上で、これらの効力の一切、及び権威を否定している。この点を井上論文の特色であるとしている。また台湾、香港などで尖閣諸島を扱った論文の多くも、井上ほど明白に〈先占の法理〉に対して無効論を主張していないと述べている。中国も公式には〈先占の法理〉の無効を主張していない。台湾の場合〈先占の法理〉を有効とみなし、ただ日本が尖閣諸島について、この要点を満たしていないという点に批判の中心があるように思われる。したがって、井上論文は、純粋に歴史的事実のみを論じているというよりは、彼の主張する史的事実に対して法の効力を与えんとする立場から書かれているようにみえる、と奥原は結論づけている。また奥原は、「尖閣列島問題と井上清論文」の中で、井上は〈先占の法理〉を植民地主義、帝国主義の利益にのみ奉仕するという理由で、その効力を認めていないと共に、〈先占の法理〉の成立した歴史的動機が植民地支配にあったことも無効論の一つにしていると、井上の〈先占の法理〉の無効論に対し反論している。第2章9において、国際法を用いての奥原の主張を検証する。

8　村田忠禧の研究（時代背景と文献）

村田忠禧の主張とその反論を挙げると共に、中国政府が尖閣諸島の「主権」が中国に属するとしている歴史的資料を紹介する。

中国は明の時代、日本は戦国の時代、尖閣諸島が位置する東シナ海は倭寇が航海し、明の沿岸警備と衝突する時代であった。その後、中国の王朝は、明から清に代わる。日本は、安土桃山、関ヶ原の戦いを経て、江戸時代になる。この間、中国から琉球に、冊封使が来航し、台湾から尖閣諸島・琉球列島に至る航海をし、その記録を残している。中国側が領有権の根拠として主張しているものは、おおむね以下の三点が中心と、村田は『日中領土問題の起源』で述べている。

一点目として、琉球圏についての認識を示唆する記録を挙げている。村田は、冊封使がこの海域を航海した際、琉球圏についての認識を示唆した記録があり、それは、久米島以東の琉球三十六島であり尖閣諸島は琉球の一部としては認識されず中国の一部として理解されていたと分析している。冊封使の記録は、一五三四年、一五六二年、一六八三年などにさかのぼるが、倭寇討伐総督の胡宗憲は福建省の五つの海防区域の中に、尖閣諸島などを含めていた（一五六一年）としている。また、村田は『琉球国絵図資料集　第三集』「天保国絵図（一八三四年）」は薩摩藩が作成したものであるが、その地図の中で宮古島の北方に位置し普段は海面下にあっ

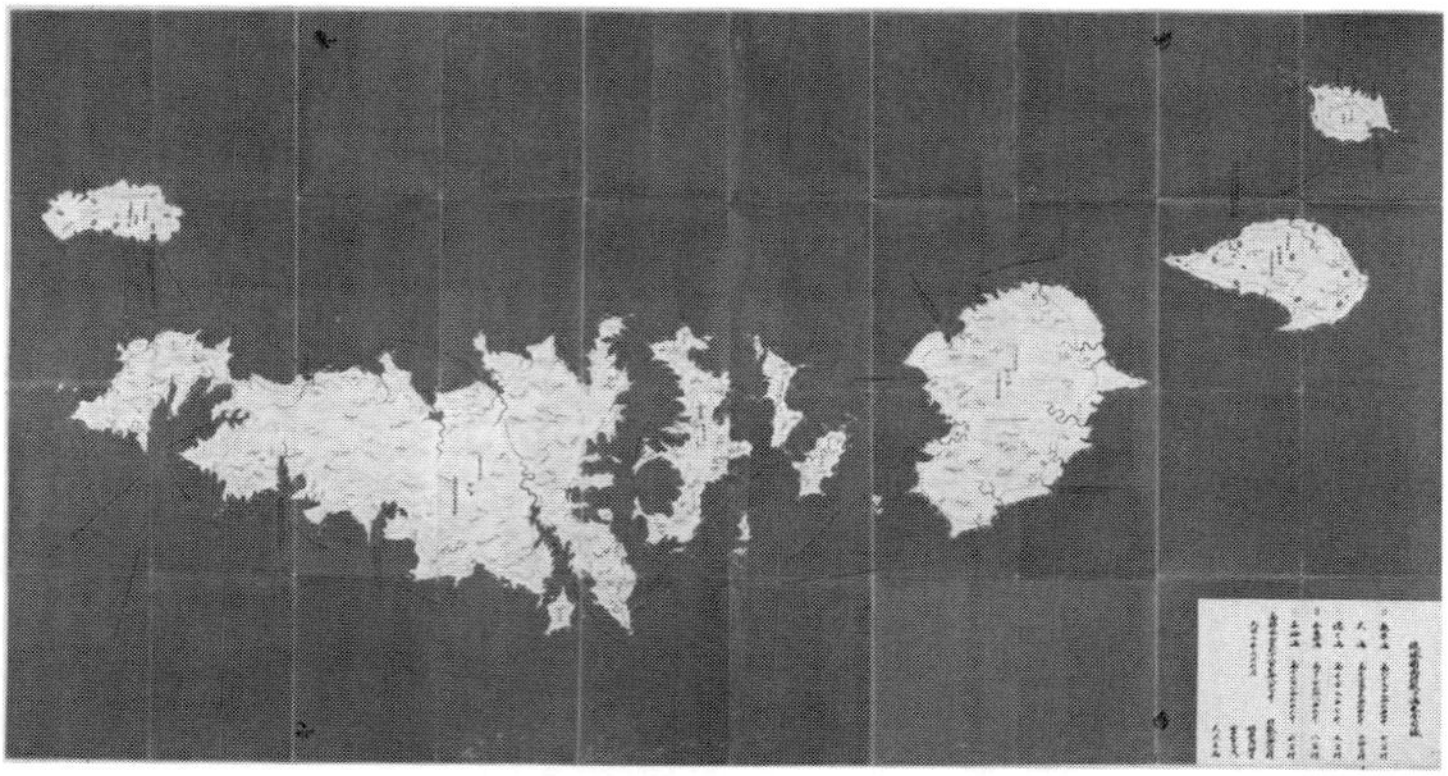

「天保国絵図」（1834年）（『日中領土問題の起源』より）

て大潮の時に出現するサンゴ礁群の八重干瀬《やえびし》もはっきり描かれているが、尖閣諸島は琉球国に含まれて描かれていない。よって、尖閣諸島は琉球に含まれるものではないと主張している

二点目として、「慈禧太后將釣魚台賞給盛宣懷的諭旨」証書（光緒一九年（一八九三年））を挙げている。この詔書は、一九四七年に米国在住の盛宣懐の孫娘によって初めて公表されたと言われているが、日中双方の学者はこの詔書を研究し、その結果、この詔書は偽物である可能性が高いと判断している。その証書には、「光緒十九年（一八九三年）、慈禧太后は主治医の盛宣懐に薬草を採集させるため尖閣諸島を与えた」と記載されていた。

三点目として、いくつかの歴史的資料にも尖閣諸島は台湾省付属の旨が記されているとしている。まず、琉球大学付属図書館所蔵の琉球学者の程順則が著した『指南広義』（一七〇八年）である。これは、程順則が康熙四七年（一七〇八年）に中国瓊河の福州琉球館（柔

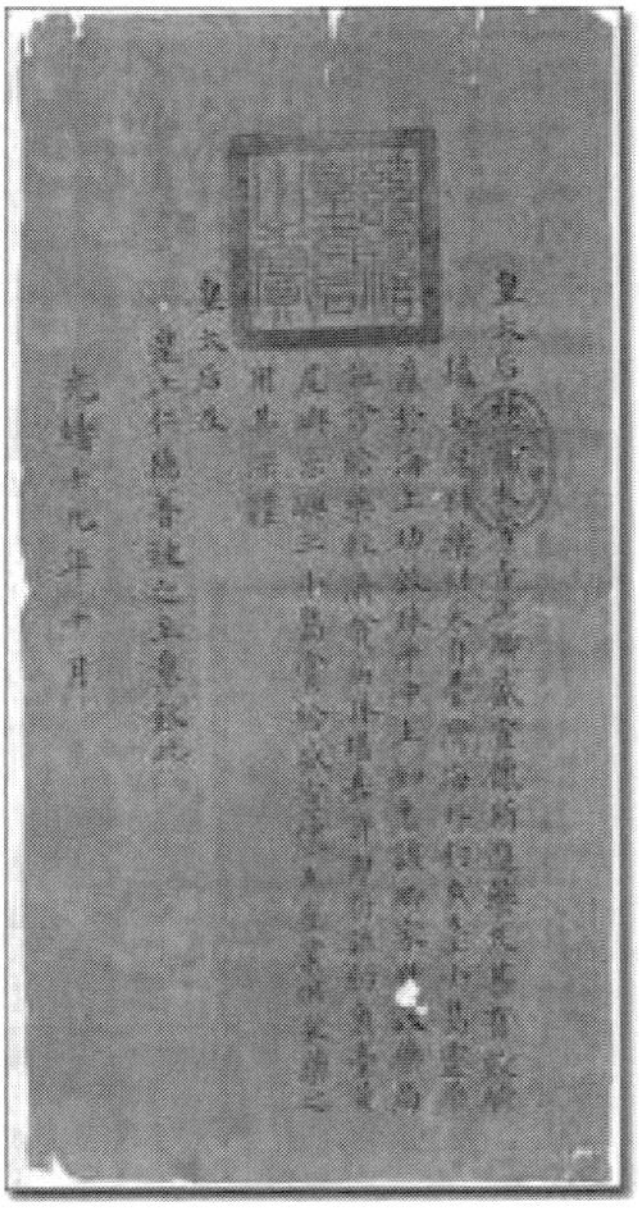

「慈禧太后將釣魚台賞給盛宣懷的諭旨」
（茂木弘道「尖閣諸島は日本固有の領土である」）

遠駅）で版行した、那覇・福州間を往来する貢船の航海に供するための指南書である。針路は、康熙二二年（一六八三年）に冊封のために派遣された冠船の羅針盤主掌蛇工から伝授された羅針盤を用いた航海針法と、久米三十六姓の伝える針法に基づいている。航海の針路以外に、内容は、航海神の天妃に関する「天妃霊応記」や、暴風や風向きに関する「風信考」、船荷の装載や船出の吉日を記した「行船通用吉日」、航海の飲食飲酒に関わる「飲食雑忌」「戒波飲酒」等、多岐にわたっている。以後、進貢船や接貢船派遣の際の必携の書となっていた。村田は、これを琉球の海事思想を知る上での一級史料であるとしている。次に、徐葆光『中山伝信録』（一七一九年）と、周煌『琉球国史略』（一七五六年）をあげている。

村田への反論として、筑波大学名誉教授の尾崎重義は「尖閣諸島の法的地位―日本領土への編入経緯とその法的権原について（中）」の中で、一五五六年の鄭舜功『日本一鑑』、一五六一年の『壽界図編』の巻一である「沿海山沙図」、一七二二年の『台湾使槎録』などの中に登場する尖閣（釣魚礁）は、現在の尖閣諸島を指しているとは思えないとしている。また、奥原敏雄は「尖閣諸島領有権の根拠」（『中央公論』一九七八年七月号）の中で、『壽界図編』の巻一の十七『福建界』上にて、台湾、尖閣諸島は描かれていないとしている。

芹田健太郎は『壽界図編』のみ尖閣諸島が記されているのは、これらの島嶼は倭寇の襲来する際の進路にあたり、本土防衛上注意すべき区域であることを示しているにすぎないとしている。胡宗憲が倭寇討伐総督に任命されたのは『壽界図編』が著される数年前の一五五六年のことである。『壽海図編』の本文には、当時尖閣諸島が倭寇防衛範囲に入っていたという記述はない。海防図といった性格のものは進入経路と思われる地域（それが他国の領域であると否とを問わず）を含めるのが普通であるから、海防図に含まれていたという事実そのものは取り立てて領有権を主張する根拠となるものではないとしている。また、中国は明代において台湾でさえも領有の意思はなかったとしている。鄭成功による清朝への抵抗（一六六一年）以後、清朝は初めて台湾を版図に入れた（一六八三年）。よって、明代に尖閣諸島が中国の台湾付属諸島であった事実

程順則「指南広義」

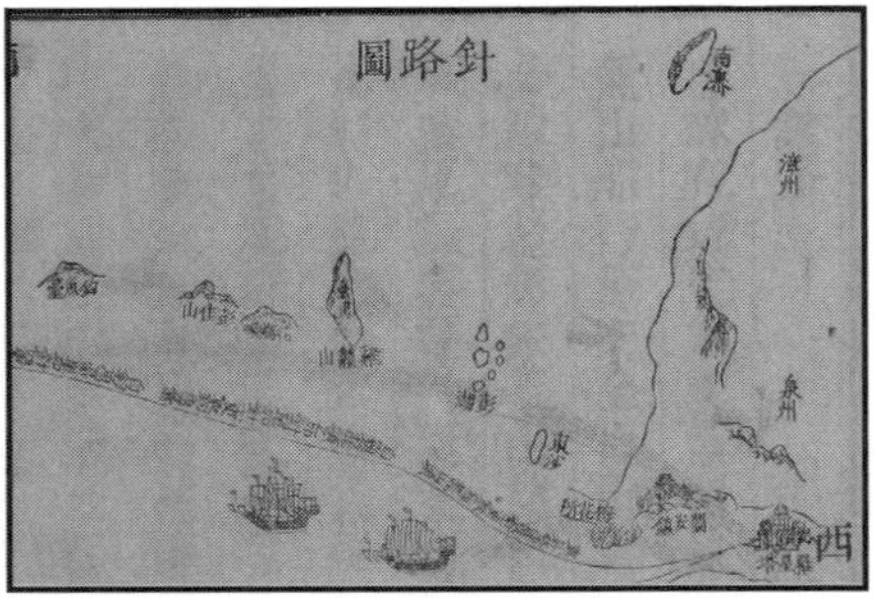

徐葆光の「中山伝信録」の一部拡大図

はないとしている。また、『日本一鑑』「万里の長歌」で鄭舜功が釣魚島は台湾の付属と理解していたとしても、『日本一鑑』を著した時、鄭舜功は私人であり、現代国際法によれば領有権の主張にはならないとしている。

また、国際法学者の松井芳郎は、自著で中国が主張する歴史的〈権原の凝固〉[*1]には重大な疑問を持っているとしている。

ちなみに、中国政府が尖閣諸島の主権が中国に属するとしている歴史的資料は、『順風相送』（一四〇三年、明朝）、陳侃『使琉球録』（一五三四年、明朝）、鄭若曽『籌海図編』（一五六一年、明朝）、郭汝霖『使琉球録』（一五六二年、明朝）で、また、冊封副使謝傑『琉球録撮要補遺』（一五七九年、明朝）には、「往路は滄水より黒水に入り、帰路は黒水より滄水に入る」とあるとしている。他にも、蕭崇業、謝傑『使琉球録』（一五七九年、明朝）、徐必達『乾坤一統海防全図』（一六〇五年、明朝）、そして冊封使夏子陽『使琉球録』（一六〇六年、明朝）には、「水は黒水を離れ滄水に入る、必ずや是中国の境界」と記しているとしている。その他にも、茅元儀『武備誌・海防二・福建沿海山沙図』（一六二一年、明朝）や、冊封使汪楫『使琉球雑録』（一六八三年、清朝）では、赤尾嶼の外の「黒水溝」こそ「中外の境界」であるとしており、徐葆光『中山伝信録』（一七一九年、清朝）、冊封副使周煌『琉球国誌略』（一七五六年、清朝）には、琉球について「海面の西は黒水溝を隔て、閩海と境界をなす」とあるとしている。そして、李鼎元『使琉球記』（一八〇〇年、清朝）、斉鯤、費錫章『続琉球国誌略』（一八〇八年、清朝）などで、釣魚島、赤尾嶼は中国に属しており、境界線は、赤尾嶼と久米島の間の沖縄トラフ（黒水溝）にあると明確に記していると主張している。

〈註〉

＊1　権原の凝固　長年にわたる慣行を基礎として〈権原〉が凝固していくという考え方。

９　中国政府「釣魚島は中国固有の領土である」

ここでは、『日中関係基本資料集　一九七〇年〜一九九二年』より、中国政府の一九七一年と二〇一二年の尖閣諸島への主張を取り上げる。なお、台湾の歴史的主張は中国とほぼ同じである。

一九七一年一二月三〇日、中華人民共和国外交部は尖閣諸島の領有権に関する声明を出し、次のように、佐藤政権を厳しく非難している。

「(前略) このほど、米日両国の国会は沖縄『返還』協定を採択した。この協定の中で、米日両国政府は、公然と釣魚島などの島嶼をその『返還区域』に組み入れている。これは、中国の領土と主権に対するおおっぴらな侵犯である。これは中華人民の絶対に容認できないものである。米日両国政府がぐるになってデッチあげた、日本への沖縄『返還』というペテンは、米日の軍事結託を強め、日本軍国主義復活に拍車をかけるための新しい重大な段取りである。(中略) 佐藤政府はなんと、かつて中国の領土を略奪した日本侵略者の侵略行動を、釣魚島などの島嶼に対して『主権をもっている』ことの根拠にしているが、これは、まったくむきだしの強盗の論理である」

また、中国国務院は二〇一二年に「釣魚島は中国固有の領土である」を発表した。以下は中国政府の尖閣諸島に関する主張を抜粋して日本語訳したものである。

「（前略）一八九四年、日本は甲午戦争（日清戦争）を発動した。同年一一月末、日本軍は中国の旅順口を占領し、清朝の敗勢がすでに明らかになった。こうした背景の下で、一二月二七日、日本の野村靖内務大臣は陸奥宗光外務大臣へ書簡を送り、『今や昔とは情勢が異なる』とし、釣魚島に国の標杭を立て、版図に組み入れることについて、閣議で審議決定することを求めた。一八九五年一月一一日、陸奥宗光は回答書簡で支持の意を表した。同年一月一四日、日本の内閣は釣魚島を沖縄県の管轄下に『編入』するという秘密決議を採択した（後略）」

「（前略）一九四三年一二月のカイロ宣言は『日本が窃取した中国の領土、たとえば東北四省、台湾、澎湖諸島などは中華民国（中国）に返還する。その他日本が武力または貪欲によって奪取した土地からも必ず日本をおいだす』と明文で定めている。一九四五年七月のポツダム宣言第八条では、カイロ宣言の条件は必ず実施されなければならず、日本の主権は必ず本州、北海道、九州、四国および我々が定めたその他の小さな島の範囲内に限るものとする」と定められている。（中略）以上の事実が示しているように、カイロ宣言、ポツダム宣言、日本降伏文書に基づき、釣魚島は台湾の付属島嶼として台湾といっしょに中国に返還されるべきものである。

一九四五年九月二日、日本政府は日本降伏文書において、ポツダム宣言を受け入れ、かつポツダム宣言で定めた各項の規定を忠実に履行することを承諾した」

以上の中国側の主張を検証すると、尖閣諸島の領有権は日本が日清戦争時に密かに版図に編入したものであり、下関条約時において尖閣諸島も台湾全島と共に日本に割譲させられたとある。よって、中国はカイロ宣言、ポツダム会談に従って、尖閣諸島の領有権は日本から中国へ戻されるべきであったとしている。しかしながら、ロバート・D・エルドリッヂは、当時、誰もが尖閣諸島の領有権を主張しているわけではなく、日本がそれを「かすめとった」ことを意味するものではないと述べている。しかしながら、一九四三年一二月一日発表のカイロ宣言の原文では、日本が「盗んだ」という表現になっている（原文から抜粋、下線、太字は筆者。和訳は『ベーシック条約集』による）。

"It is their purpose that **Japan** shall be stripped of all the islands in the Pacific which she has seized or occupied since the beginning of the first World War in 1914,and that all the territories Japan has stolen from the Chinese, such as Manchuria, **Formosa**, and the **Pescadores**,……

和訳：同盟国の目的は、一九一四年の第一次世界大戦の開始以後に日本国が奪取し又は占領した太平洋におけるすべての島を日本国から、はく奪すること、並びに満州、台湾及び澎湖島のような日本国が清国人より盗取したすべての地域を……。

太字部分の**Formosa**（福爾摩沙）は台湾の別称、**Pescadores**は澎湖諸島を表す。

中国の「釣魚島は中国固有の領土である」という主張は、日本の主張（尖閣諸島は「無主地の地」や、一八九五年の「閣議決定」、並びに「勅令」によって日本の領土になった論）と一九七一年からの主張である国際法を基にした奥原敏雄の国家主権概念研究（第2章9参照）や芹田健太郎等の〈先占の法理〉論とは、全く相いれないものである。

ちなみに、台湾側は、二〇一〇年一〇月五日に『総統府：釣魚台に関する声明』（台北駐日経済文化代表処仮訳）において、日本が一八九五年一月に釣魚台列島（尖閣諸島）を無人島であるとして日本の領土に編入したのは、一八九四年の中日甲午戦争（日清戦争）で清が敗戦した後に乗じた併合である、したがって、日本が一九四五年に第二次世界大戦に敗れ、中華民国に投降し、台湾を中華民国に返還したのであるから、釣魚台列島も同様に返還すべきものであるとしている。

カイロ宣言では、「第一次大戦開始後に日本軍が盗取したものを返還する」としているが、筆者はそこに米国の思惑（一八九八年のハワイ併合等）があったと考えている。もしも、「日清戦争開戦以降に日本国が清国人より盗取したすべての地域」と記されていたなら、現在の尖閣諸島問題はなかったであろう。カイロ宣言について外務省は、「戦争の結果としての領土処理は平和条約に基づいて行われる。大戦後の日本の領土を法的に確定したのはサンフランシスコ平和条約であり、カイロ宣言やポツダム宣言は日本の領土処理について最終的な法的効果を持ち得ない、そもそもカイロ会談では、宣言文は出されておらず、カイロ宣言と云われるものは実在しないので、カイロ宣言云々は無意味である」としている。

また、尖閣諸島がカイロ宣言で言及されていないのは、蒋介石の失策であったというより、当時（一九四三年一二月）は、尖閣諸島自体の価値がなく言及されなかったのであろう。尖閣諸島は一九六〇年代後半にＥＣＡＦＥ（国連アジア極東経済委員会）の海洋調査で、周辺海域に海底石油が埋蔵されている可能性が囁かれだした後、注目され始めた。日本政府、台湾国民党政府だけでなく中国共産党政府も同じであった。そのことは、田中内閣成立後、周恩来と竹入義勝公明党委員長との会談で、周恩来が「尖閣列島の問題にもふれる必要はありません。竹入先生も関心が無かったでしょう。私も無かったが……（後略）」と述べたことでも分かる。

　中国文と日本文のカイロ宣言を比べると、下線部の地名表記に若干違う箇所があるが、意味としては同じと考えていいだろう。英文原文では“such as Manchuria, Formosa, and the Pescadores"となっている。中国文では「例如东北四省、台湾、澎湖群島等」である。日本文では「満洲、台湾及膨《ママ》湖島ノ如キ」となっている（下線は筆者）。

■カイロ宣言の中国文原文

三国之宗旨，在剥夺日本自从一九一四年第一次世界大战开始后在太平洋上所夺得或占领之一切岛屿；在使日本所窃取于中国之领土，例如东北四省、台湾、澎湖群岛等，归还中华民国；其他日本以武力或贪欲所攫取之土地……

■カイロ宣言の日本文原文

　右同盟国ノ目的ハ日本国ヨリ千九百十四年ノ第一次世界戦争ノ開始以後ニ於テ日本国ガ奪取シ又ハ占領シタル太平洋ニ於ケル一切ノ島嶼ヲ剥奪スルコト竝ニ満洲、台湾及膨《ママ》湖島ノ如キ日本国ガ清国人ヨリ盗取シタル一切ノ地域ヲ中華民国ニ返還スルコトニ在リ……

10 「棚上げ」合意はあったのか？

日本政府が否定している「棚上げ」合意の虚実を検証する。

一九七二年の「日中国交正常化」時、田中角栄と周恩来の首脳会談では、以下のようなやり取りがあった（外務省ＨＰ掲載の外交記録）。

「田中　尖閣諸島についてどう思うか？　私のところに、いろいろ言ってくる人がいる。

周　尖閣諸島問題については、今回は話したくない。今、これを話すのはよくない。石油が出るから、これが問題になった。石油が出なければ、台湾も米国も問題にしない」

共同通信によると、田中角栄は周恩来に尖閣諸島の領有権問題を話題にしようとしたが、周恩来は正面から議論するのを避けたという。

外務省は「尖閣諸島情勢の概要」のＱ＆Ａ「４『棚上げ』合意は存在したのか？」で次のように記している。

「我が国の立場は一貫しており、中国との間で尖閣諸島に関する『棚上げ』について合意したという事実はありません。この点は、公開済みの外交記録等からも明らかです。また、中国が一九九二年に尖閣諸島を中国領土と記載した領海法を制定したことや、二〇〇八年以降、公船を尖閣諸島沖に派遣して領海にも度々侵入するといった力による現状変更を試みていることは、『棚上げ』合意が存在したとする中国自身の主張とそもそも相矛盾するものです」

また、一九七八年一〇月二五日の「日中平和友好条約交渉」時の福田赳夫首相と鄧小平副首相との首脳会談で、鄧小平は次のように述べていた（外務省HP掲載の外交記録）。

「もう一点言っておきたいことがある。両国間には色々な問題がある。例えば中国では釣魚台、日本では尖閣諸島と呼んでいる問題がある。こういうことは、今回のような会談の席上に持ち出さなくてもよい問題である。園田外務大臣にも北京で述べたが、われわれの世代では知恵が足りなくて解決できないかもしれないが、次の世代は、われわれよりもっと知恵があり、この問題を解決できるだろう。この問題は大局から見ることが必要だ。

（福田より応答はなし）」

日本政府が否定している理由は、以上の記録から中国側の「棚上げ」の意向に日本側が同意したという事実は見出せないということだと思われる。要するに、日中は「国交正常化」と「平和友好条約」交渉の際に尖閣問題に触れないことで一致しただけであり、領有権問題の「棚上げ」合意でない、と受け取っていいだろう。

李恩民は、日中平和友好条約時に、中国は尖閣諸島の領有権を明確にすることよりも日中平和友好条約の締結を最優先としていたが、日本政府は尖閣諸島の日本の領有権を中国側に黙認させたかったと述べている。また、中国が尖閣諸島の領有権問題は日本の領有権を事実上肯定する形で急きょ決着することになったと朝日新聞や毎日新聞が報道していたが、一九七八年一〇月の鄧小平副総理は、「棚上げ」の態度を記者の質問に答える形で何度も示していたとも記している。

さらに李は、鄧小平が園田直外相との会談で「現状維持」と約束とし、中国側から言えば、それは「係争状態」の「現状維持」を指しているが、日本側の一部の解釈によれば、それは「日本の実効支配」の「現状維持」を意味することになってしまったとも分析している。さらに鄧小平が園田との会談で「数年、数十年、百年おいておいてもよい」と言ったとしている。

李恩民の研究において、日中の「棚上げ」合意は紛れもない真実であることが証明されており、それが日本の実効支配の現状維持を意味するという日本側の解釈は、日清戦争から現在までの日中関係をみれば相対化したものと言えるかは疑問である。

一九七二年一一月七日の読売新聞では、一一月六日の衆議院予算委員会において大平正芳外務大臣が日中平和友好条約の交渉で「棚上げ」する意向を示したと報じている。また一九七八年三月一一日の朝日新聞では、三月一〇日の参議院予算委員会において、園田直外相が尖閣列島の問題はもちだすべきでないとし、日中平和友好条約の交渉にあたっては尖閣について話し合う予定はないと語ったと報道されていた。

「棚上げ」合意の否定発言としては、一九七八年四月一九日に中江要介外務省アジア局長が、一九七二年の国交正常化の首脳会談において「この問題について棚上げにするというような合意なり了解なり、そういうものがあったかというと、それもないということでございます」と否定した。

一九七九年五月三〇日、日中平和友好条約の締結に関与した園田直外相は、日本の調査開発に中国側が抗議したことに関して、衆議院外務委員会において政府見解とは違って「棚上げ」を肯定するニュアンスの次のような答弁をしていた。

「日本の国益を考えた場合、じっとしていまの状態を続けていった方が国益なのか、あるいはここに問題をいろいろ起こした方が国益なのか。鄧小平副主席が言われた二十年、三十年、いまのままでもいいじゃないかというような状態で通すことが、日本独自の利益からいってもありがたいことではないかと考えるだけで、あとの答弁はお許しを願いたいと存じます」

一九八二年九月二〇日、鈴木善幸首相は来日したサッチャー英首相との会談で、尖閣諸島の領有権に関し、日本と中国の間に「現状維持する合意」があると明かした（二〇一四年一二月三〇日付で機密解除された英公文書館の鈴木善幸首相・サッチャー会談を記録した公文書）。

また、一九八八年一一月八日の外務省の斎藤邦彦条約局長、一九八九年三月二八日の都甲岳洋欧亜局長、一九八九年一二月一日の鈴木勝也外務大臣官房審議官、一九九一年四月二六日の柳井俊二条約局長などが政府答弁として「棚上げ」合意を否定した。

しかし一九九二年二月二七日には、宮沢喜一首相が朝日新聞紙上で、一九七八年に「棚上げ」をするとりきめが作られたことについて言及し、同年四月七日の読売新聞でも、江沢民と宮沢喜一の会談で「棚上げ」の話題が登場していた。

さらに、一九九六年一〇月一五日の朝日新聞は、林貞行外務事務次官が「棚上げ」合意の存在自体を否定したと報道した。

二〇一〇年一〇月二四日、前原誠司外務大臣は、一九七八年一〇月二五日の鄧小平来日時、日本記者クラブでの尖閣諸島問題に触れないという意味の「双方が一致した」という鄧小平の発言について、「鄧小平が一方的に言った言葉であり、日本側が合意したということではない。結論として棚上げ論について中国と合意した事実はない」と否定答弁をしている。

二〇一二年四月に発表した「東京都による尖閣諸島購入計画」について、石原慎太郎は雑誌『ＰＲＥＳＩＤＥＮＴ』九月一七日号で、「鄧小平に、後世の若い利口な人間たちにこの問題は任せましょうなんて言われて、バカな外務省はそれで救われた気になって、そうしようそうしようって棚上げになってしまった」と書いている。

このように、一九七五年から現在まで、政府見解としては一貫して「棚上げ」合意を否定しているが、大平正芳、鈴木善幸、宮沢喜一、石原慎太郎は、「棚上げ」合意の事実を認識していたことが分かる。

そもそも、領土問題の解決手段は「譲歩」「棚上げ」「武力での解決」という三つの方法しかなく、周恩来と田中角栄との日中共同声明の内容（台湾は中国の領土の不可分の一つ）から、中国の「尖閣諸島問題」への基本外交姿勢が理解できる。よって鄧小平が「譲歩」し、「日本の実効支配」並びに、その「現状維持」を認めていたとは考えにくい。

朝日新聞によると、一九七二年の日中国交正常化交渉時、外務省条約課長であった栗山尚一は、田中角栄が持ち出した尖閣問題について、周恩来が「今はやりたくない」と言い、田中もそれ以上追及しなかったと説明を受けていたとしている。「棚上げ、先送り」の首脳レベルでの「暗黙の了解」があったと当時は考えたし、今（二〇一二年一〇月三一日）もそう思うと述べている。

同じく外交官の東郷和彦も同意見である（『「領土問題」の論じ方』）。岡田充も、前原誠司元外相の「棚上げ」合意否定時（二〇一〇年）、日中間で「暗黙の合意」があったと認識していたとしている。また、橋本恕外務省中国課長が、恣意的に日本側に不都合である外務省記録（田中角栄・周恩来会談）の一部を削除していたことが判明している。また矢吹晋によると、橋本恕は田中角栄「ご迷惑」発言の公文書も削除した可能性が高いとしている。栗山尚一の談話や橋本恕の不当な外務省記録削除の行動からも、上記の外務省、尖閣諸島情勢の中の「棚上げ」合意の否定には疑念が生じる。

第2章

✺琉球（沖縄）と尖閣の地位はどう変わったか

1 『蒋介石日記』から見る台湾の立場

「蒋介石日記」は米国スタンフォード大学が保管しており、二〇〇四年に蒋一族の子孫・蒋方智氏が同大学フーバー研究所に寄贈したものである。二〇一二年一一月二三日付の『環球時報』[*1]は、尖閣諸島が注目され始めた一九七〇年から七二年にかけて、「蒋介石日記」において尖閣問題がどのように記述されていたかを調べた翟翔名の文章を掲載した（この文章を載せた中国新聞社ＨＰは翟翔の所属先及び、この文章の原題を紹介していない）。この文章から、尖閣を巡っての台湾サイドの対日、対米、対中の考えを検証する。

一九四三年一一月二二日から二七日まで、エジプトのカイロで、フランクリン・ルーズベルト米大統領、ウインストン・チャーチル英首相、蒋介石国民政府主席による会談が行われた。ルーズベルトにとって第二次世界大戦後に米国の構想を実現するための会談であり、そのために蒋介石を参加させた。米国の構想というのは、蒋介石に中国統一支配を達成させ、戦後アジアにおいて米国寄りの安定勢力を築くことであった。米国としては蒋介石が日本と休戦協定や単独講和することを回避させたかった。そのためルーズベルトは、蒋介石率いる中国を「台湾返還」や「常任理事国入り」を条件に激励し士気を高めさせた（蒋介石は日本を無条件降伏させるまで戦うことを、英米に約束した）。矢吹晋は、ルーズベルトは当時、蒋介石が琉球を欲していると信じており、中国を四大国の一員とみなすことを蒋介石に示して、そのことで中国の自信を強めようとしていたと述べている。そして、翌月の一二月一日に発表されたカイロ宣言の対日方針は、その後、連合国の基本方針となりポツダム宣言に継承された。カイロ宣言以後、蔣介石は琉球・尖閣諸島をどのように捉えていたのか、『蔣介石日記』から探る。

一九四三年一一月二三日の日記の中で、蔣介石は「東北四省および台湾・澎湖群島は、すべて中国に帰属すべきだ」「琉球は国際機構に委託して中米共同管理とする」と記しており（斎藤道彦「中華民国の対『琉球』政策と沖縄史概略」）、中国側の記録によると、ルーズベルトが「中国による琉球の支配を歓迎していた」ことを示唆した。しかし米国務省領土小委員会は、このルーズベルトの発言について「考えられないような発言」とコメントしている。しかし、筑波大学の遠藤誉は、王幸福『中国人权双周刊』第八六期「蔣介石后悔拒収琉球群島（二〇一二年八月二四日～九月六日）」の中で、蔣介石がルーズベルトの提案（琉球・尖閣を中国に与える）を断ったことを非常に後悔していたことが記されていると述べている。

蔣介石

第二次世界大戦後の一九六一年に新野弘の「東中国海および南中国海浅海部の［沈積層］」という論文が発表され尖閣諸島付近の調査が深まるにつれ、日本、中国、台湾、米国内で海底資源が注目されていった。新野弘は、一九六一年のケネス・エメリーとの共同研究以前に、海洋地質学や海洋資源に関する書籍を出版していた。エメリーは新野との共同執筆の時、戦時中の日本の海底調査や戦後の海洋調査資料（新野弘『海の地学』、『海とその資源』）を用いた。そして、アジア大陸周辺の大陸棚の底質調査で業績をあげた。

一九六七年九月八日から九日にかけて、佐藤栄作と蔣介石との会談が行われた。その席上で佐藤は蔣介石に琉球問題を提起したが、その時、「琉球の日本返還に反対しない」態度を蔣介石は佐藤に示した。それは、大陸の北京政府が琉球の「返還」を要求しているならば、台湾はこれに反対する立場になり、即ち「日本への返還に反対しない」ということだった。それまでは国連による「信託統治」か、もしくは台湾と米国の「共同管理」を表向きは望んでいた。しかし「蔣介石日記」によれば、言外に尖閣諸島の日本返還には反対するというものだった。

一九六九年一一月一四日（沖縄返還交渉の最後の時点）、台湾はニクソン政権の沖縄返還交渉にクレームをつけた。それは、沖縄住民による県民投票によって「沖縄返還の是非」を確認せよと提案したものだった。蔣介石の発想は、カイロ会談当時に蔣介石が提案した沖縄に対する中米共同管理構想であった。これらから、蔣介石は「沖縄」と「尖閣諸島」を区別して考えていたことが理解できる。蔣介石は尖閣諸島は台湾の領土であることを一貫して主張していたと言える。

一九七〇年八月一一日に、蔣介石は自身の日記に「尖閣諸島」と記している。『環球時報』の翟翔の記事は注釈で、一九六九年以前は釣魚島には特別の関心を払っておらず、蔣介石は日記の中で、初期は釣魚島に言及する時は日本の言い方を用いたとしている。蔣介石は日本軍軍人（一九〇九〜一一年まで大日本帝国陸軍士官候補生。陸軍十三師団の高田連隊の野戦砲兵隊の将校）であったこともあり、自身の日記で、日本語を用いて尖閣諸島を表記することに特別な意味を感じていたとは思えない。これをもって、蔣介石が尖閣諸島を日本の領有と考えていたとするには無理がある（これを根拠に蔣介石は尖閣諸島を日本の領有と認めていた、とする一部の報道、ブログ等に対して）。

一九七〇年八月一二日、米国駐日大使館のスポークスマンは、尖閣諸島は米政府が返還を決定した日本の琉球群島の一部であると述べた。これに対して、同年八月一六日、蔣介石は日記の中で次のように記していた（〔　〕は筆者の加筆）。

「尖閣群島主権問題は、我が国は放棄していないのみならず、琉球の主権問題は、歴史上、政治上、如何なる政府も日本のものであると承認したことはなく、しかも、第二次世界大戦で日本が投降したとき、ハッキリとそのすべての外島を放棄するという事実を承認した」「我が国政府の和隣敦睦〔隣同士むつまじくする〕の趣旨から（この小島群の紛争のために）主権問題を提起したことがないのは、気まずくするのを避けるためであったに過ぎない。しかし、中国政府は、四〇〇〇年来の歴史においてこれを日本の主権としていない〔上記、翟翔注において、日記の原文には少なからぬ簡潔な記載があり、この個所には文法上の誤りがあるかもしれないとしている〕し、条約の規定も見たことがない」

ここで注目したいのは、一九七〇年八月一二日に米国駐日大使館のスポークスマンが尖閣諸島を沖縄の付属諸島としていることである。一方、国務省は同年九月一〇日に声明を発表し、沖縄は一九七二年に日本への返還の実施を期待できるとし、その上で、国務省、ロバート・J・マクロフスキー報道官は、島嶼に関する異なる主張に関しては、紛争にかかわる国家及び地域自身によって解決されると述べていた。アレクシス・ジョンソンは一九六九年一月に国務次官に就任しており、ジョンソンがこのことを確認していたことが分かる。ジョンソンは、一九三五年に語学研修生として来日し、その二〇年後、駐日大使となり沖縄返還交渉に関与していた知日派であった。

また同じ八月一二日、沖縄当局（北緯三〇度以南の琉球列島の行政に対する米国の行政府を「琉球列島米国民政府」と呼ぶ）は、尖閣諸島は沖縄に属し行政権が日本に返還されることにより、当然に日本の領土に属するとの内容を宣言していた。沖縄当局は、「米国駐日大使館のスポークスマンの発言」に沿って宣言したと言えるが、マクロフスキー報道官の声明は、「米国駐日大使館のスポークスマンの発言」とは明らかに違っている。この時期、尖閣諸島が「沖縄の付属諸島」であるか否やについて、米駐日大使館と国務省の見解に相違が見られたが、マクロフスキーの声明は、ただ単に台湾や在米台湾人の間に、米国の対台湾政策と石油開発の一時禁止措置への不満から、尖閣諸島の領有権についてのナショナリズムが高揚していることを懸念し、国務省が日本と台湾の尖閣問題に巻き込まれないようにとの思いからの声明であり（ガルフ石油が尖閣について国務省へ問い合わせをしており、国務省の海洋法・国際法の専門家、オクスマンが法的・政治的問題になることを懸念していた）、ニクソンの決定した「尖閣諸島の領有権への中立政策」とは違うものであった。

そのことは、在東京米国大使館から国務省への電報ファイル "Telegram 8347 from Embassy Tokyo to State Department on Senkakus, October 15,1970" から読み取れる。そ

れは「国務省と在台北・在東京の米国大使館が、尖閣諸島に対する日本の領有権を支持することを明らかにし、台湾政府と中国の主張を無効とするためにできることすべてを実施することが米国の利益に適うと考えている」という内容のものであった。

このように、国務省と在台北・在東京の米国大使館は尖閣諸島に対する日本の領有権を支持することを明確にした。この時点では、誰も後にニクソンが尖閣諸島の領有権と施政権を分離させて日本に返還することなど想像だにしなかった。誰しも領有権があるので施政権があると考えていたはずだ。また、サンフランシスコ平和会議時のダレス発言から、日本の残存主権を認識していたはずだ。

第3章でも述べるが、米軍は戦後既に尖閣諸島を訓練に使用していた。一九五三年一二月、米国民政府布告第二七号「琉球列島の地理的境界　琉球列島住民に告ぐ」（地図）が発表されたが、その中に尖閣諸島は含まれていた。そのことは、国務省や在台北・在東京の米国大使館が日本の領有権を支持する理由の一つと考える。

①一九四八年四月一六日、米軍は黄尾嶼（久場島）とその周辺海域は米空軍の射撃訓練に使用すると発表していた。

②一九四八年五月から黄尾嶼（久場島）の周辺五海里を立入禁止にし、一九五五年まで空対地射爆訓練場として使い、その後米海軍は赤尾嶼（大正島、久米赤島）を使用していた。

一九七〇年九月一〇日、それに反論する形で蔣介石は、台湾の大陸棚が尖閣諸島に伸びているので、尖閣諸島問題は大陸棚問題（国際海洋法の中で一九五八年に大陸棚条約が締結され、水深二〇〇ｍまで、または開発可能な深さまでが、沿岸国が権利を設定できる大陸棚と決められた）だとした。蔣介石は、まず先に「資源開発権」を保全してから、米国の気を引こうとしたと思われる。

蔣介石は、九月一一日、一二日、一四日の日記、そして、翌一九七一年の四月と六月の日記でも次のように記していた。

◎一九七〇年九月一一日の記載

「尖閣群島は大陸棚の問題である。まずは大陸棚が我が所有であることを解決し、島の問題はしばらく提起しない。しかし、米国の琉球問題に関する声明に対しては、中国は同意せず、中米協議を経ずして日本に帰還することについて自分は発言権を留保する」

◎同年九月一二日の記載

「1．大陸棚の石油探査問題に関し、米国の会社と協約することを批准すると決定。我が推測的判断によれば、米国が琉球を返還した後、日本は大陸棚の石油鉱床を独占し、米国にとっての後患はさらに大きくなるべし。

2．釣魚台群島（尖閣諸島）は我が国防に関係あり、したがってそれが琉球の範囲内に属するとは承認できず」

◎同年九月一四日の記載

「釣魚台列島の問題につき政策を策定。（甲）大陸棚はすべて我による所有権。（乙）釣魚陸地については争わないが、日本の所有権となすことも承認せず、懸案とする」

一九七一年一月末、米国各地の中国人が結成した「保釣運動委員会（尖閣諸島防衛委員会〈筆者による和訳〉）」は、尖閣諸島防衛のためのデモを展開していた。同年四月四日、米国務省は、琉球群島を返還するときに尖閣諸島の施政権を日本に引き渡すが、尖閣諸島の主権帰属問題に対しては中立の立場を取ると述べた。この時点で、尖閣諸島紛争は、さらにエスカレートし、蔣介石は歴史的要素及び国際海洋法「大陸棚の原則」を用いて、尖閣諸島の帰属を強調した。彼は、この月の日記において、尖閣諸島の主権は歴史及び地理的にみて台湾省に属することは問題なしと記している。

◎一九七一年四月四日の記載

「（尖閣諸島の主権は）歴史及び地理的に言って、台湾省に属することはやはり問題なし」

◎同年六月一〇日の記載

「米国は日本に返還し、釣魚台もその中にあり、甚だ不公平である」

米国が中立の立場を取ったことに対して蔣介石は、尖閣諸島は事実上、米軍によって占領されており「いずれの国家に属するかは米国が決定すべき」であるとし、米国側を介入させようと試みていた。蔣介石は尖閣諸島での米国の軍事基地化を提案していた。

以上の「蔣介石日記」から、蔣介石は琉球が日本に属することは承認しないが、一九六七年九月八日の佐藤栄作との会談において、暗に日本の領土となることには反対しないとしていたことが分かる（理由として、中国共産党政府が尖閣を要求しているならば、日本の領土とした方が台湾には都合がよい）。

一九七〇年八月一六日には、尖閣諸島の主権を放棄したことはないと言い、琉球の主権問題は、歴史上、政治上、如何なる政府も日本のものであることを承認したことはないとも述べている。一九七一年四月には、「大陸棚の原則」を用いて尖閣諸島の台湾への帰属を主張している。これらにより、中国からの台湾侵攻に備えるために尖閣諸島の主権は絶対に日本に渡したくなく、「尖閣諸島」と「琉球」とを明確に区別させようとしていた蔣介石の考えが読み取れる。

〈註〉

＊1『環球時報』　中国共産党中央委員会の機関紙『人民日報』系列の紙で、海外のニュースを中心とした紙面構成。国際版として英字紙 Global Times も発行。

２　米国による沖縄の戦後処理構想

米国が、琉球・尖閣諸島の日本の領有権を認めていたことを検証する。

一九四二年八月、米国務省では戦後政策を検討する「特別調査部領土小委員会」に「極東班」が編成され、主任にクラーク大学教授で日本専門家のジョージ・ブレイクスリーが就任した。「日本の戦後処理に適用すべき一般原則」（Japan: General Principles Applicable to the Post-War Settlement with Japan〈T-35〉）の原案を一九四三年七月に起草、翌年の一九四四年三月に作成し終えた。

一九四四年三月、ブレイクスリーは、「日本の戦後処理に適用すべき一般原則」をもとに「米国の対日戦後目的（Japan: The Postwar Objectives of the United States in regard to Japan〈PWC108, CAC116〉）」を作成した。これは、米国務省内で戦時中に立案された対日戦後政策の原案だった。国務省最高レベルの委員会である「戦後計画委員会」のこの案は、対日政策を三段階に分け、第一段階では海外領土の剥奪や武装解除などの厳格な占領、第二段階では緊密な監視下での軍国主義の一掃と民主化、そして第三段階では日本の国際社会への復帰が想定されていた。対日占領政策の原型ともいうべき文書であった。後に、この「米国の対日戦後目的」を基に「初期対日方針」が作成された。

一九四六年一月二七日、連合軍最高司令官訓令第五五七号で、日本の領土は四島（北海道、

本州、四国、九州）及び対馬諸島、北緯三〇度以南にある約一〇〇〇近くの島からなる琉球諸島と規定した。しかし、そこでは明示的に「尖閣諸島」には触れていなかった。

一九五三年一二月二五日、米国民政府布告第二七号（琉球列島の行政に対する米国の行政府を琉球列島米国民政府と呼ぶ）により、サンフランシスコ条約に基づき、新たに琉球列島で米国民政府及び琉球政府の管轄区域が指定された。その中には「尖閣諸島は含まれていた。つまり、一九四六年一月二七日の連合軍最高司令官訓令第五五七号には尖閣諸島は明示していないが、奄美返還当日の一九五三年一二月二五日の米国民政府布告第二七号「琉球列島の地理的境界」では、尖閣諸島を明示した地図が発表された。その中で琉球列島の北限が北緯二九度から北緯二七度に変更された。その理由は、北部琉球（奄美諸島）が日本に返還されて、米国民政府や琉球政府の統治から離れたため、琉球諸島の地理的境界が問題となったためであった。

米国民政府布告第二七号「琉球列島の地理的境界」から一部を抜粋する。

「琉球列島住民に告ぐ

一九五一年九月八日調印された対日講和条約の条項及び一九五三年一二月二五日発効の奄美諸島に関する日米協定に基づき、これまで民政府布告、布令及び指令によって定められた琉球列島米国民政府及び琉球政府の地理的境界を再指定する必要があるので、本官、琉球列島民政副長官、米国陸軍少将、ダヴィド・A・D・オグデンは、ここに次のとおり布告する。

第一条　琉球列島米国民政府及び琉球政府の管轄区域を左記地理的境界内の諸島、小島、環礁及び岩礁並びに領海に再指定する」

北緯二八度・東経一二四度四〇分を起点とし、北緯二四度・東経一二二度、北緯二四度・東経一三三度、北緯二七度・東経一三一度五〇分、北緯二七度・東経一二八度一八分、北緯二八度・東経一二八度一八分の点を経て起点に至る。これは、沖縄返還協定の合意議事録（一九七一年六月一七日）に明記された返還区域と同じである。ちなみに尖閣諸島は、東経一二三度から一二四度三四分、北緯二五度四四分から五六分の間に点在する八つの小島からなっている。

また、一九五一年九月八日、サンフランシスコ平和条約第二条（b）において、日本国は、台湾及び澎湖諸島を放棄し、第三条において、北緯二九度以南の南西諸島（琉球諸島及び大東諸島を含む）を合衆国を唯一の施政権者とする信託統治制度に置くとしている。

一九四五年から六八年の間、米国は沖縄を占領

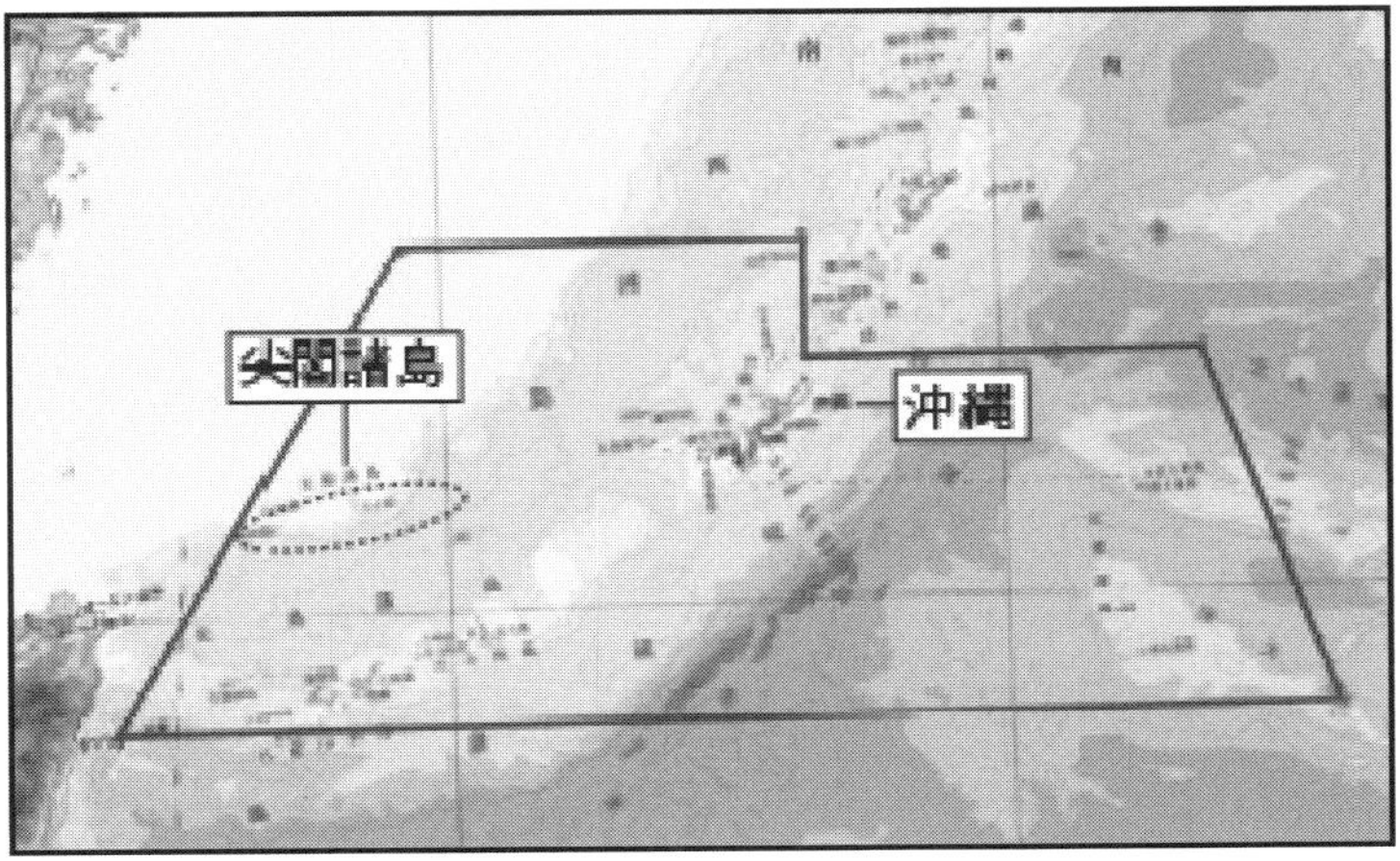

米国民政府布告第27号による琉球列島の地理的境界

した。米軍は沖縄を軍事拠点として考えていたが（一九五〇年一月のスチムソン国防長官声明）、国務省は当初より沖縄を日本へ返還することを主張していた。しかし一九五〇年六月の朝鮮戦争勃発後、地政学的に沖縄の米軍基地が重要視されるようになり、米国は同年一二月に琉球列島米国民政府を設置し、その下に一九五二年、琉球政府を発足させたのである。それ以後、現在に至るまで米軍基地が固定化され日米安保締結へ進むことになった。

琉球の残存主権は、サンフランシスコ平和条約の交渉過程において米国全権ジョン・フォスター・ダレスが、日本は沖縄に対して残存主権を持つと表現したことに端を発する。ダレスは一九五〇年の対日平和（講和）七原則において、琉球諸島・小笠原諸島に対する唯一の施政権者を米国とするとしたのに対して、ソ連は、カイロ・ポツダム会議での領土不拡大方針に反すると指摘していた。それに対して、同年一二月二八日の回答覚書で、ダレスと英国全権ケネス・ヤンガーは、奄美・琉球諸島に日本の主権または残存主権が残ることを明らかにした（第3章1参照）。

その後、一九五七年六月にはアイゼンハワー大統領が、一九六一年にはケネディー大統領が、琉球に対する日本の残存主権を確認している。また一九六二年三月一日、ケネディーは「琉球のための執行命令（ケネディー命令）」において、「琉球は日本本土の一部と認識」し「自由世界の安全保障上の利益が日本に対する（完全な主権の返還）を許す日の到来するのを期待する」と言及していた。これについて、議会調査局ＣＲＳ（Congress Research Service）報告（『中国の海洋権益要求』、November 12, 2001）は、尖閣諸島を含めて全沖縄を日本に返還するものだったと指摘している（第3章1参照）。

このように米国は、一九五〇年一二月からサンフランシスコ平和条約を通して、日本の琉球に対しての残存主権を認めており、一九五三年一二月二五日の米国民政府布告第二七号では尖閣諸島は琉球に含まれており、一九六二年三月一日の「ケネディー命令」においてもそれは確認されていたのである。

3　尖閣諸島周辺での海底資源の発見

ここでは、いつから尖閣諸島周辺海域への関心が高まったのかを検証する。

一九六一年、新野弘とウッズホール海洋研究所（マサチューセッツ州）のケネス・エメリーとの共著論文“Sendiment of Shallow Portions of East China Sea and South China Sea”（「東中国海および南中国海浅海部の〈沈積層〉」）が米国の地質学誌に掲載された。この論文は世界の地質学者と国際石油資本に注目され、これを機に尖閣諸島の海底資源問題への関心は高まっていった。

エメリーは、戦時中カリフォルニア大学の戦争研究部で、米海軍の対潜水艦作戦のため海底の研究に従事し、占領下の日本で国内の地質学者に大きな影響を与えた。この論文には、尖閣諸島の海底には豊富な石油と天然ガス埋蔵の可能性があると書かれていた。

日本通産省は、外資の動きに対し「民族資本で開発したい」と、「尖閣公団」といわれる石油開発公団を組織し、一九六一年七月には調査団を尖閣諸島に派遣した。団長は高岡大輔（沖縄問題等懇談会専門委員）で、使用した船は、琉球政府水産研究所所属の図南丸であった。

そして同年九月には、国連アジア極東経済委員会（ECAFE：Economic Commission for Asia and the Far East）の斡旋というかたちで、米・日・韓・台の共同調査が行われた（国連アジア極東経済委員会は一九四七年に設立されたが、一九七四年にはＥＳＣＡＰに名称変更している）。この調査には東京水産大学の海鷹丸が使用され、調査の主役は米国のウッズホール海洋研究所であった。日本からは石油開発公団の技術者が参加した。

一九六一年一〇月二〇日から一一月二九日にかけて、米国は東・東南アジア地球科学計画調整委員会（Cordinating Committee for Geoscience Programmes in East and Southeast Asia）の名を使って、米海軍の海洋調査船ハント号による調査を実施した。

新野とエメリーの研究が発表されてから五年後の一九六六年に、東シナ海の大陸棚や海底の鉱物調査などの探査に関する情報共有を支援するため、アジア沿海地域鉱物資源共同探査調整委員会（CCOP：Committee for Co-ordination of Joint Prospecting for Mineral Resources in Asian Offshore Areas）が設立された。この委員会には、日・韓・台・および米国の科学者が参加していた。また、一九六七〜六八年には、米海軍の海洋調査船が密かに空中より磁気探査を行い、石油埋蔵の可能性を確認したといわれている。

一九六七年七月、新野とエメリーは、続編となる研究成果を発表した。それは、追加の海底のサンプルと、中ソ対立以前に中国北部周辺の海洋地域を調査していたソ連の海洋地質学者が発表した知見を考慮に入れたものだった。中国の海洋学者も、新野とエメリーの続編発表以前の一九六三年に、東シナ海の大きな海底油田の鉱脈の可能性を発表していた。エメリーは、一九六八年一〇月一二日〜一一月二九日、アジア極東経済委員会（ＥＣＡＦＥ）のもとにＣＣＯＰが東シナ海と黄海において、日・台・韓の政府から派遣された地質学者と共同調査を行った。その後の一九六九年五月にＣＣＯＰは「東シナ海と黄海の地質構造と海水の特徴」

("Geological Structure and Some Water Characteristics of the East China Sea and the Yellow Sea") と題する調査報告(通称「エミリー・リポート」)をバンコクで発表した。この報告書で、台湾と日本の大陸棚は、世界で最も豊富な石油とガスの宝庫である可能性を示すものだとされた。同時に、軍事上・政治上の要因のため採掘が試みられないまま残った数少ない大規模な大陸棚の一つでもあると記載されていた。

４　尖閣諸島をめぐる日・台・米・中のかけひき

日・台・米・中の動きと、米国を巻き込んでの蔣介石の台湾防衛戦略を検証する。

蔣介石は、一九四三年一一月二三日のルーズベルトとの会談で、「琉球は国際機構による中米共同管理への委任」と提案していたが、一九六七年九月八日から九日にかけての佐藤栄作との会談では、琉球の日本返還に反対することはしないが、言外に尖閣諸島の日本返還には反対した。また、一九六九年七月一七日には尖閣諸島付近の石油資源に関して、台湾は「海岸に隣接している領海外のあらゆる天然資源に対し、すべて主権上の権利を行使することができる」との声明を発した。

台湾は、一九五八年の大陸棚条約の下でその権利を行使することに関心を抱いてはいたが、この条約には調印したものの批准はしていなかった。そこで一九六九年一〇月に、米国大使館アームストロング代理大使に対して、大陸棚条約を批准すると伝えた。その一方で、アモコ石油と暫定協定を結び、台湾の西海岸に沿って採掘を開始することを認めた。

それより少し前の一九六九年六月六日、国務省はガルフ社の質問に答え、尖閣諸島は日本が残存主権を持っていることを伝えていた（国務省が作成したガルフ社との会談メモ）。しかし一九七〇年七月、ガルフ石油は台湾の中国石油公司（公司は、中国語で「会社」の意味）と協力協定を締結し、北緯二九度以南、台北以北の尖閣諸島を含む東シナ海（中国名、東海）の石油資源を共同で探査開発することにした。これについて同年八月一〇日、日本の愛知揆一外相は、「尖閣諸島は日本の領土であり、台湾がこの海域で石油の探査を行うことは、国際法違反である」との声明を出した。それに呼応して八月一一日、蔣介石は自身の日記の中で「日本は尖閣諸島が琉球に所属すると声明し、我が国が米国と協力して当該区域の海底の石油鉱脈を探索することに反対したが、（これに）注意しなければならない」と記している。

大陸棚条約では二〇〇海里（三七〇・四キロメートル）の排他的経済水域（ＥＥＺ）を設定できる。

一九六〇年代末、沖縄では日本企業と外国企業の両方から石油採掘の申請が殺到した。日本本土からは、石油資源開発株式会社、ガルフ石油と提携する帝国石油、テキサコと提携する日本石油、シェル石油と提携する西日本石油が鉱業権を申請していた。

台湾は、一九七〇年八月二〇日の『台湾新生報』社論「尖閣群島付近の大陸礁層はわが国の主権に属する」の中で、日本政府と中国石油公司が数社の米国石油会社と契約して尖閣諸島付近海域で進めている海底石油探査について、日本が「尖閣諸島は沖縄諸島の一部である」とし

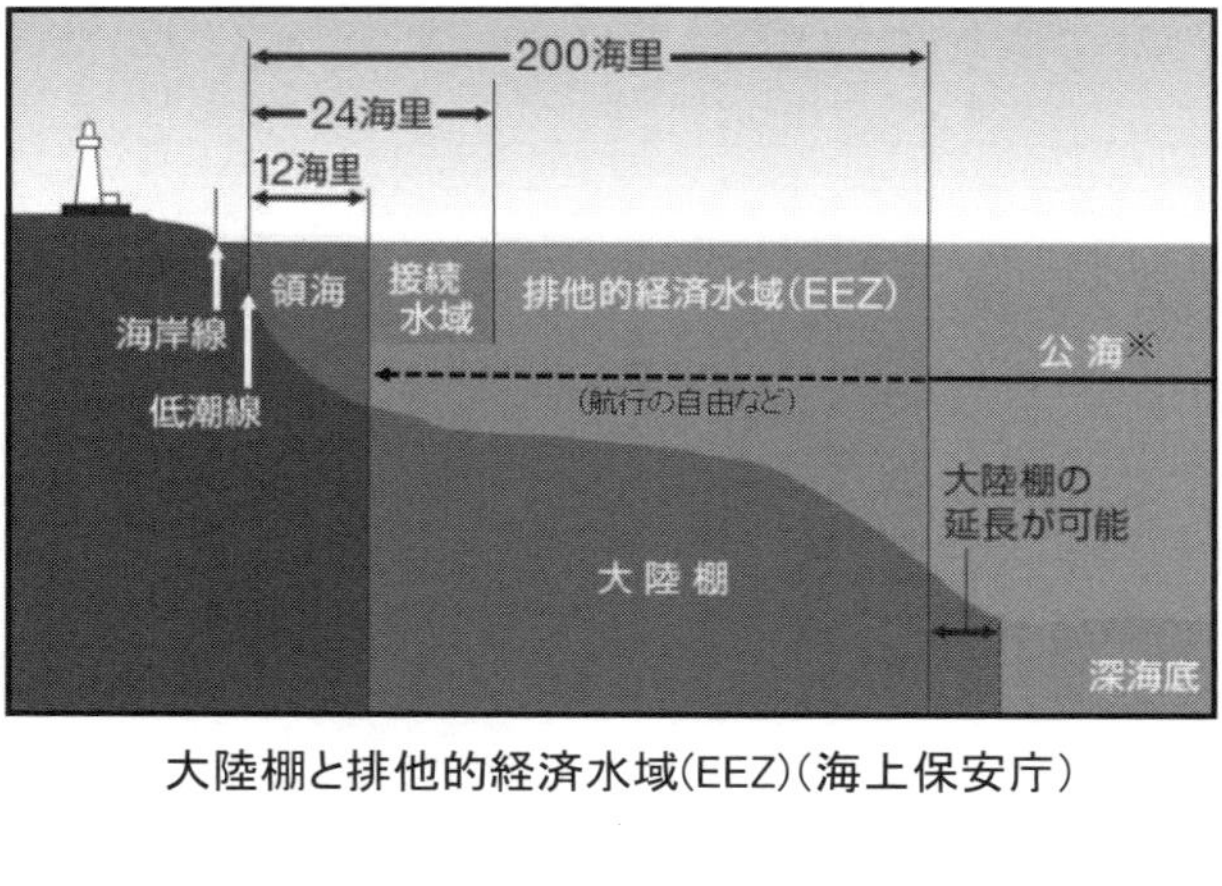

大陸棚と排他的経済水域(EEZ)(海上保安庁)

たことに異議を表明しているとした。また、尖閣諸島周辺の海底に存在する石油鉱床は、揚子江、黄河から海へ堆積したものであり、「大陸礁層」「大陸棚」と称され、その主権は台湾に属する。それは一九五八年の国連海洋法会議で採択された大陸棚条約に規定されており、台湾は調印国の一員であるとしている。

米国はそもそも国連海洋法条約を批准していない。米国が反発している理由は、深海底資源を人類共有財産としている規定が途上国寄りになっていることがあげられるが、特に上院の保守派は、世界最大の海軍力を持っている米国の行動の自由が多国籍機関によって制約されることに抵抗があり批准していないと思われる。

一九七〇年九月一六日、台湾政府は沖縄返還の内容に「尖閣諸島が含まれる」ことを知って、四頁からなる尖閣諸島の口上書を国務省東アジア担当次官補マーシャル・グリーンに提出した。この口上書は公表されていないが、国務省の台湾担当のトマス・シュースミヌが、尖閣諸島の日本による管理に反対して台北でデモが行われた背景の説明を要約した文書が存在しており、その中で、これは米国の対台湾政策と石油開発の一時禁止措置への不満から生じたものだと記している。

一九七〇年一〇月一五日、国務省と在台北・在東京の米国大使館は、尖閣諸島に対する日本の領有権について、「尖閣諸島に対する日本の領有権を支持することを明らかにし、台湾政府と中国の主張を無効とするためにできることすべてを実施することが米国の利益に適うと考えている」と明らかにした（"Telegram 8347 from Embassy Tokyo to State Department on

Senkakus,October 15, 1970")。

筆者は、蔣介石は米国石油企業を大陸からの侵攻を防ぐために尖閣諸島付近で操業させ、米国の利益と台湾の国防とを合致させたかったと考えている。そのためには、台湾が尖閣諸島の主権を持つことが重要であり、台湾の領土としての尖閣諸島周辺の海底油田が必要であった。よって、米国から日本への尖閣諸島の施政権と領有権の移譲は絶対に認められないものだった。

一九七〇年一二月に、日本は魚釣島に観測所を建設する計画を米国に提案したが、米大使館の首席公使リチャード・スナイダーは外務省アメリカ局長の吉野文六と会い、「今は台湾との間で新たな問題を起こすべき時ではない」と説得した。東京の米大使館は「建設しないほうが望ましい」と考えつつも、反対する根拠を見いだせないことから、「静かな、形式的な賛成」を本国に提案した。「尖閣は琉球の一部だという立場をとっている以上、米国には日本の要請を拒否する論理的な根拠がない」と考えていたからだ。

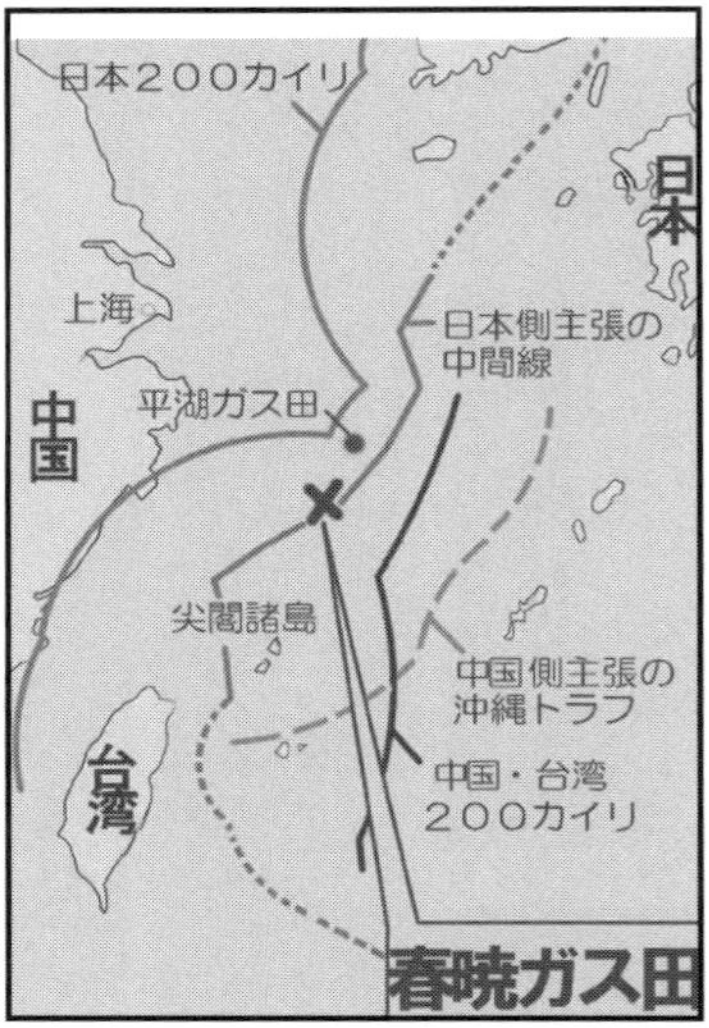

尖閣諸島境界線引き

一九七〇年一二月二一日、東京で日・韓・台三国委員会の海洋開発研究連合委員会は会議を開き、領土の領有問題、大陸棚主権問題を棚上げにして、共同で東中国海の石油資源を開発することを決めた。翌日の一二月二二日、新華社通信は「二一日に東京で、いわゆる日・蒋・朴『連合委員会』の『海洋開発研究連合委員会』を開き、米帝国主義とぐるになって、中国と朝鮮の大陸棚の石油資源とその他の鉱物資源を略奪することを公然と決定した」と非難する報道をした。また、『人民日報』は「米日反動派の中国海底資源略奪は絶対に許さない」と題する人民日報評論員論評（一二月二九日）を出し、「米国は、蒋介石並びに朴正熙大統領と結託し中朝両国の海底資源を略奪する準備をしており、台湾省とその付属島嶼の周辺海域およびその他の中国に近い浅海海域で大規模な、いわゆる海底資源探査を行っている。米国は、蒋介石と契約を結んで台湾北部西方海域に鉱区を確定して、海底石油の採掘にのり出そうとしている。これは、わが国と朝鮮民主主義人民共和国に対する露骨な侵犯だ。釣魚島、黄尾嶼、赤尾嶼、南小島、北小島などの島嶼は台湾と同様、大昔から中国の神聖な領土である。わが国の領土と主権を侵犯し、わが国の海底資源を略奪する罪悪行為を即時停止し、侵略の手をひっこめなければならない。これらの地域の海底資源を探査、採掘する権利は中華人民共和国だけが持っている」としていた。

一九七一年四月九日、台湾で尖閣諸島紛争が白熱化すると、国務省報道官は「尖閣を含む南西諸島の施政権を、来年日本に返還する」と述べた。さらに、米国企業が東シナ海海域における石油探査活動を即刻停止するように希望するという声明を発表した。この石油探査活動の即刻停止という措置については、既に述べたようにニクソン大統領は関知していなかった。その後、ガルフ石油は尖閣諸島海域から撤収した。

ちなみに、日本の国会は一九九六年七月二〇日に、二〇〇海里の排他的経済水域（ＥＥＺ）を盛り込んだ国連海洋法条約を批准した。ＥＥＺの内側では、漁業資源と天然資源を優先的に開発・利用できるため、日・中・台の間には尖閣諸島があり、当然のことながら境界線引きをめぐり紛争が起きる可能性が高まった。日本側は、境界線は尖閣諸島を基点として中国海岸線との中間とすることを原則としており、一方、中国側は、沖縄トラフまでを中国の大陸棚とする「自然延長論」による大陸棚境界線を主張している。一九九五年ごろから、日本と中国の中間線の境界付近で天然ガス田開発を本格化したことで、日本側が抗議するなどして対立が激化した。

5 〈無主地先占の法理〉と日本の領有権主張

「南方同胞援護会」尖閣列島研究会の〈先占の法理〉論の根拠探しを検証する。

日本側では、総理府の外廓団体である南方同胞援護会の尖閣列島研究会が、一年がかりで日本の尖閣諸島における領有権主張の根拠となるべき資料を沖縄本島と石垣島で収集していた。これには一九六八年二月頃、奥原敏雄が参加している。

南方同胞援護会は、沖縄の早期返還と県民福祉の向上を目的に一九五六年一一月に設立され、民間活動の先導的役割を担った特殊法人で、沖縄の復帰時期などを政府に提言している。一九七三年三月に解散し、沖縄協会が事業の一部を引き継いだ。南方同胞援護会法第百六十号（一九五七年六月一〇日）の第一章第一条では、「南方同胞援護会は、次に掲げる地域に関する諸問題の解決の促進を図るため必要な調査研究及び啓蒙宣伝を行う（中略）。1．硫黄鳥島及び伊平屋島並びに北緯二十七度以南の南西諸島（大東諸島を含む。）、2．孀婦《そうふ》岩の南の南方諸島（小笠原群島、西之島及び火山列島をいう。）、3．沖の鳥島及び南鳥島」となっている。奥原はこの頃のことを『島嶼研究ジャーナル』創刊号（二〇一二年六月）での対談「尖閣列島研究の背景と原点」で、「尖閣列島の問題に関しては、沖縄民政府の担当だと思っていたので、石垣島ではあまり話を出しませんでした。ところが、那覇の日本政府事務所で話をしてみても、魚釣島のみならず尖閣列島の島々の名前さえはっきりは知らなかったのです」と語っている。

尖閣列島研究会は、奥原敏雄の論文「尖閣列島の領有権問題」を南方同胞援護会の機関誌『季刊沖縄』五六号（一九七一年三月）で発表し、その後、日本は国際法の〈先占の法理〉論を以て尖閣諸島を領有した、と主張し始めるようになった。日本が尖閣列島の領有権を主張するためには、領土取得の法的根拠〈権原〉[*1]として、植民地支配を正当化する根拠としての〈無主地先占の法理〉以外にないので、〈先占〉の根拠となるものを集め始めた。

国際法学者である奥原が、〈無主地先占の法理〉論だけでは、領土取得の法的根拠にならないことを懸念していたことが分かる。このことは、『季刊沖縄』第五六号から読み取れる。既に述べたように、日本政府レベルで〈先占の法理〉による尖閣諸島の領土編入を主張するようになったのは、一九七二年三月二一日の外務省高島益郎条約局長の〈先占の法理〉を用いての答弁が最初であった。近世の国際法において〈先占の法理〉が承認されていった背景には、新大陸、新航路の発見にともない展開された、植民地の獲得、国際通商の独占をめざした激しい国家間の闘争があった。ちなみに、ニクソン大統領の尖閣諸島への領有権と施政権を分離する決定は、一九七一年六月七日であった。

高橋庄五郎は、尖閣で石油の話が出たとき、外務省には尖閣列島を領土編入（一八九五年）したいきさつを説明できるファイルは何も存在していなかったと、以下のように記している。

「尖閣諸島の島々についての正確な地図もなかったし、尖閣列島の位置を経緯度で示したものも存在していなかった。また、政府の公示も沖縄県の告示もなかった。外務省には、尖閣諸島を領土編入した根拠書類は存在しなかった」。

これは、奥原の『島嶼研究ジャーナル』の対談の発言と合致している。政府役人が知らない尖閣諸島のことを、ましてや日本国民が知るはずもなかったことが理解できる。

また高橋は、琉球政府の公文書や「沖縄返還協定」の付属文書においても、日本の尖閣諸島（魚釣島、北小島、南小島、久場島、大正島、沖の北岩、沖の南岩、飛瀬）の呼び名が使用されていなかったと記している。一九六〇年代、高橋は尖閣列島の黄尾嶼、赤尾嶼という島名に疑問を持った。そもそも日本には「～嶼」という島名はないが、福建省や澎湖列島、そして、台湾省には「～嶼」という島名が二九もあり、中国の古地図ではもっと多い。尖閣緒島には黄尾嶼、赤尾嶼という島があるが、米国の施政権下にあった琉球政府も公文書上でこれらの中国の島名を使用していた事実があり、沖縄返還協定の付属文書においてもそうであった。高橋は、これは島の固有の名称が黄尾嶼、赤尾嶼だったからに相違ないと考えた。

米軍が一九六八年に行った八重山群島の面積・人口調査によると、Sekibi（赤尾嶼）、Kobi（黄尾嶼）は、無人島で面積は書かれていなかった。両島は米軍の射爆撃演習に使われており人は住んでいなかったので。面積の記載はなかったと高橋は考えた。また、同年一二月二三日、琉球政府農林局長から八重山地方長官に提出された「爆撃演習について」の通知では、場所を「黄尾嶼を中心に半径一海里」としていた。一九六九年五月一日の「米軍の射撃演習の地域と範囲」でもKumeJima, KobiSho, SekibiShoと記されている。久米島、黄尾嶼、赤尾嶼という意味であることは明らかである。一九七〇年四月四日の通知においても、演習場所を黄尾嶼としていた。

また、琉球政府が公文書に使っていた「尖閣諸島」の島名は、魚釣嶼、黄尾嶼、赤尾嶼、南小島、北小島であり、中国語では釣魚島、黄尾嶼、赤尾嶼、南小島、北小島である。そこでは、「魚釣島」と「釣魚島」が異なるだけである。敗戦後、日本が非公式に連合国司令部に提出した尖閣諸島の各島名は、「魚釣島、黄尾嶼、赤尾嶼、南島、北島」となっていた。それは、日本海軍水路部の海図に黄尾嶼、赤尾嶼となっていたからだと高橋は考えた。

しかし芹田健太郎は、領有権争いの場合、国際法上、島名は係争中の島の同定のためには重要な意味をもつが、領域帰属をきめるための決定打にはならないとしている。つまり、フランス・メキシコ間で争われたクリッパートン島はイギリス人冒険家の名と考えられているし、オランダ・米国間で争われたパルマスト島には発見者のスペイン語ではなくポルトガル名さえみられること、英仏間のマンキエ・エクレオ事件で争われた島嶼群の島名は明らかにフランス語系であり、語られる言語も、今でこそチャンネル諸島では一般に英語であるが、儀式ではフランス語が使われている。

一九六八年末までは、米国政府は台湾船の尖閣諸島周辺の立ち入りには寛大であった。一九六八年に提出された「(台湾船の) 不法入域」に関する日本政府の報告に対しても、ゲイダック米国民政府渉外局次長は「台湾人の侵入は長年にわたり季節毎に生じてきた慢性的な問題」であり、「明らかに琉球の法執行機関の能力と権限の枠内で対処できる小さな問題」としていた。また、アンダーソン米国民政府公安局長は「四〇〇〇年の間、台湾の人々と八重山の人々は友好関係にあり、日本政府の報告での数字五〇〇〇隻 (台湾船の不法入域数) は不正確」と発言していた。

また一九六八年には、パナマ船籍の沈没船解体作業のための台湾省のサルベージ会社労働者四五人が尖閣諸島の南小島に上陸して問題になったが、台湾の米総領事は「尖閣への渡航・作業には許可は不要」という立場をとっていた。

一九七〇年には、クラーク渉外局長は「沖縄の人たちの尖閣周辺での漁は散発的であり、一年の間で沖縄の船よりも台湾の船の方が多く尖閣地域へ行く」として、尖閣諸島周辺海域は、歴史的に両国漁民の共通の漁場であることを認めていた。しかしながら、米国政府はいくつかの国や石油会社の間で天然資源の関心が高まったのと、南小島に台湾漁民約六〇人が居住し、魚釣島、北小島も台湾漁船の基地となっていたことから琉球政府に対し、英語、中国語、日本語で書かれた警告板を尖閣諸島に設置することを奨励していた。また、米国政府は尖閣諸島の施政を強調・強化するために行われる石垣市の調査や渡島をも奨励していた。一九六九年五月一〇日～一一日（石垣市長の委託で新垣仙永石垣市議会議員らがコンクリート製の標柱を魚釣島に設置した）と七月八日～一三日に警告板を設置した。これには前述の台湾省のサルベージ会社が南小島で沈没船解体をしていたという理由もあった。

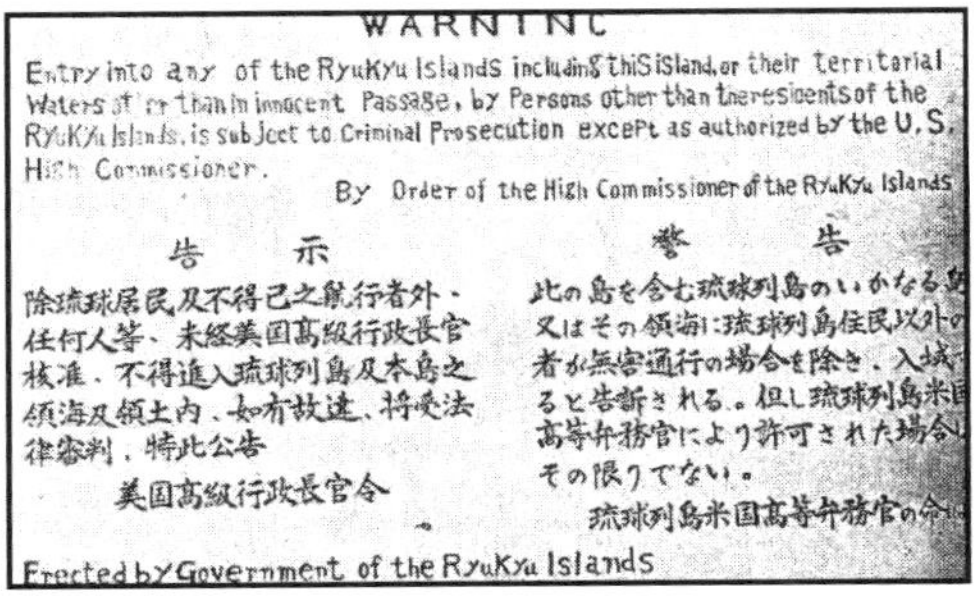

琉球政府が設置した警告板

米国民政府公安局長シモンズは、米国民政府が警告板の計画に関わるべきか否やについて、台湾政府が尖閣諸島を含め琉球諸島の主権を日本に返還することに反対していることを承知しており危惧し、米国民政府は「米国の利益に悪影響を与えると考えられる行動をとることを回避したい」と考えているという内容の覚書を九月一五日に高等弁務官の政治顧問ノールズに書き送った。これに対し渉外局長スナイダー（一九六九年から首席公使）は、尖閣諸島に関する米国の政策は明確である。つまり、尖閣諸島は米国の統治と琉球政府の管轄下にある「琉球諸島の一部だ」と断言してきたと述べた。そして、常設の領土標識（警告板）を尖閣諸島に建設するための費用を負担するという米国民政府の熟慮の上の行動は政策的立場と一致するとした。さらに、北東アジアの大陸棚での石油探査に伴う尖閣諸島への関心の高まりは以上の見方を変更するものではなく、むしろ警告板を遅滞なく建設することの必要性を高めているとしている。

その後、一九七〇年七月七日から一六日までの期間に、琉球政府は「不法入域防止警告板」を尖閣列島の五つの島に建てたが、それは黄尾嶼（久場島）や赤尾嶼（大正島）にも設置された。そして、その琉球政府の警告板建立復命書には、出張先として、中国名である黄尾嶼、赤尾嶼となっていたことが判明している。しかしノールズは、尖閣諸島に警告板を設置することは尖閣諸島周辺地域と石油資源をめぐる日台の主張の対立において、米国が日本を支持していることの証左として解釈されることを懸念していた。

一九七〇年九月二日に台湾の国粋主義者たちが尖閣諸島に上陸し、台湾国旗を掲揚した事件があったが、ノールズは、「国務省と在台北・在東京の米国大使館が、尖閣諸島に対する日本の領有権を支持することを明らかにし、台湾政府と中国の主張を無効とするためにできることすべてを実施することが米国の利益に適うと考えている」との内容の文書（一〇月一五日付）を確認していた。

〈註〉

＊1　権原《けんげん》　法によって、権利を生み出すものと認められる事実のことであり、領域取得の権原には、海底の隆起、土砂の埋積、埋め立て、無主地先占、割譲、併合などがある。

6　台湾の「尖閣口上書」と米国の対中政策の変換

台湾の焦りと米国の外交について検証する。

一九七〇年九月一六日、台湾政府は沖縄返還に尖閣諸島が含まれることを知り、周書楷駐米大使が国務省東アジア担当次官補マーシャル・グリーンを訪ね、政府の公式な立場を記した四頁からなる口上書を手渡した。それは、尖閣諸島は中国の一部だと訴え日本返還に反対する内容だった。

一九七一年三月一五日、周書楷は再び国務省あてに「尖閣口上書」を送り、尖閣諸島の領有を主張している。しかし国務省はその要求を受け入れなかった。この尖閣口上書はニクソンまで届いてなかった。

キッシンジャーは、この時初めて日・台間の尖閣諸島問題を知ることになった。ニクソンがこれを知るのは、同年四月一二日である（第2章7参照）。七月に北京を秘密訪問する計画があり、ピーターソン補佐官やケネディー特使の経済重視・台湾重視の姿勢は沖縄返還やベトナム撤退のための中国接近への障害になると考えていたキッシンジャーは、米中会談の主役になることを狙い、尖閣口上書の件をニクソンの耳に入れなかったと筆者は推測している。

当時、ニクソンが「誰を北京に派遣すればよいか」とキッシンジャーに尋ねた時、ブッシュ国連大使の名を出したが、キッシンジャーはそれに反対した。この時の最有力候補は前駐英大使のブルースだったが、彼はベトナム和平交渉の先頭に立っていたので除外された。次の候補はロックフェラーニューヨーク州知事、リチャードソン国務副長官、デューイ元ニューヨーク州知事だった。ニクソンは中国接近政策から国務省をはずしたがっており、ウイリアム・Ｐ・ロジャース国務長官は問題外だった。こうした消去法のあと、キッシンジャー自身の売り込みが成功し、結局はキッシンジャーに落ち着くという経緯があった。もっともキッシンジャー自身は、「ニクソンが私を選んだ動機は、この政策をもっともよく分かっているのは私であり、北京訪問をニクソンの一番気に入るようにお膳立てできるのも私であることだった」と回顧録に記している。

米国国家安全保障会議の東アジア担当作戦スタッフ、ジョン・ホールドリッジは、「尖閣口上書」の中の「尖閣諸島に対する中華民国の要求」部分をキッシンジャー補佐官のために次のように要約した。

「(前略) 日本政府は一八九五年の日清戦争後に台湾と澎湖諸島が割譲されるまでは、尖閣諸島を沖縄県に編入しなかった。台湾はこれまで地域的安全保障の見地から、米国がサンフランシスコ平和条約第三条に基づいて軍事占領を行うことに対して異議申し立てをしなかった。しかしながら、国際法によれば、ある地域に対する一時的な軍事占領によって米国の占領が七二年に終了することに鑑みて、米国が尖閣諸島に対する台湾の〝主権〟を尊重し、台湾に返還されることを要求する」

蔣介石の尖閣諸島処理方針四箇条（一九七一年四月七日）の内容は、尖閣諸島の主権は歴史的にも地理的にも台湾省に属しており、米軍が現に尖閣諸島を占領しており、どこに帰属させるかは米軍が決めるというものであった。

ニクソンは反共産主義者であり、八年間にわたる副大統領時代（一九五三年～六〇年、アイゼンハワー政権で第三六代副大統領）から中国共産主義の影響力の強さを警戒していた。一九五八年の台湾危機、一九六〇年の大統領選挙戦などでは対中強行発言を繰り返していた。ニクソンは、副大統領を務めた後、大統領選（一九六〇年）、カリフォルニア州知事選（一九六二年）に立候補するが相次いで敗れ、政界から引退状態となっていた。

一九六四年三月、ペプシコの顧問弁護士として来日したおり、東京・虎の門病院に入院していたライシャワー米駐日大使を見舞った。その後しばらくして、ライシャワーに米国は中国を承認することが望ましいと提言していた。また、大統領就任一年前の一九六七年一〇月、彼の補佐官であるプライスの助力を得て、米外交専門誌『フォーリン・アフェアーズ（**Foreign Affairs**）』に「ベトナム後のアジア（**Asia After Vietnam**）」という論文を投稿した。脅威としての共産中国という視点を軸に、中国封じ込めのための連帯が必要だというのがその主要な議論であった。しかしその中で、「米国は西洋で何世紀もの時を経て発達した洗練度の高い進歩的な政治制度が全く異なる伝統を持ち、発展の初期段階にある他の国々にとっては必ずしも最適のシステムではないかもしれないことを理解すべきである」と論じている。論文の後半部において、中国を今後も永続的に孤立させたままにしておくのは無理だとし、長期的には中国を国際社会に受け入れることだ、と主張していた。

しかしその論文は注目されなかった。それは一九五〇年代末の議論の焼き直しにすぎなかったためであった。この論文でのニクソンの対中観は、中国を孤立させては〝危険〟だという認識だけを主軸に書かれていた。しかし筆者は、ニクソンは大統領選挙前に不用意に自分の考えをさらけ出す危険を避けたと考えている。この論文寄稿後の反響（自身が共産主義寄りと思われることでの大統領選への悪影響）を考え、〝中国接近〟という自身の考えを論文後半で少し匂わせただけであったに違いない。というのは、ニクソンは後述するアーチ・スチールとドーク・バーネットの論文を読んでいたと考えられるからである。

しかしながら、北京大学国際関係学院教授・牛軍によると、一九六九年七月下旬から八月初めにかけての初外遊以前には、対中和解と関連するニクソンの考えは、多くの場合、国際政治の現実についての観察や常識的な合理的推理にもとづいており、つまり、米国は中国のような大国を孤立させておくことはできないし、そうしてはならない、というだけのものであった、としている。しかし、大統領就任後の一九六九年二月一日にニクソンが中国との和解に向けて行動を開始したことを考えると、やはり「米中接近」を視野に入れ選挙戦に臨んでいたことは間違いないと思われる。

ニクソンが論文を寄稿した同時期、『フォーリン・アフェアーズ』誌の関連団体である外交問題評議会（**CFR：The Council on Foreign Relations**）の中国プロジェクトメンバーであるジャーナリストのアーチ・スチールがまとめた「米国における対中世論の分析」では、「共産中国」に対する敵対的な感情は、米国の政策決定者たちが考えているほど根強くもなければ広範でもなく、実際、米国人のほとんどは大陸中国の政治体制が共産主義であることさえも知らない。もはや、中国共産党が一九四九年に大陸において実権を握った時や、一九五〇年末に中国が朝鮮戦争に介入し、戦局を大きく変化させた時のような中国に対する強い敵対感情は残っていないと指摘していた。また、同評議会のメンバーで、国連における中国の二重代表制の提案者でもあった上海生まれのコロンビア大学教授で同大学の中国研究計画主任だったドーク・バーネットは、米国にとって中国との関係を正常化させることはきわめて重要であり、関係の修復作業（文化大革命による）は、中国の国内的混迷や彼らの攻撃的な対外行動が沈静化し落ちつきをみせた段階で即座に始められるべきであるとしていた。

この二つの研究がニクソンの頭脳の中で、「ベトナム戦争撤退」と「中国接近」を結び付け、一九六八年の大統領選挙での公約に繫がったのではないかと筆者は推測している。ニクソンは大統領選挙運動中、ベトナムからの「名誉ある撤退」を公約としており、これを実現する秘密の方策があると語っていたとされる。また、一九七一年二月のドーク・バーネットの論文「Our China Policy : The need for change」は、ニクソンが同年三月以降に行った対中国への新政策（中国への旅行制限の緩和と人事交流の促進、米中貿易制限の緩和、台湾からの米軍の撤退など）のほぼ全てを網羅していた（『中国承認への道』）。

話は少し逸れるが、外交問題評議会（ＣＦＲ）について少し述べておく。米国政府の要職についた人物のバックグランドを調査した社会学者の研究によれば、政府高官に占める評議会メンバーの比率は、アイゼンハワー期四〇％、ケネディー期四二％、ジョンソン期五七％で、ジヨン・フォスター・ダレスやハーバード大学の教授であったキッシンジャーも評議会のメンバーであった。キッシンジャーは、一九五五～五六年にかけて、大学を休職し評議会での研究に打ち込み、一九五七年には、ベストセラーとなった*Nuclear Weapons and Foreign Policy*（『核兵器と外交政策』）を出版した。その中で、核兵器・通常兵器の段階的な運用による制限戦争の展開を主張していたキッシンジャーは、ケネディー政権の外交政策立案に一時的に関与していた時期もあった。キッシンジャーは、ニクソン政権入りする一九六九年までに一二本を超える論文を『フォーリン・アフェアーズ』に寄稿していた。キッシンジャーは、この評議会のメンバーであったことが、ニクソン政権に招聘されるきっかけになり、米国外交における重要人物としてのデビューを飾ったとも言える。

一九六七年、ニクソンは翌年の大統領選を視野に入れ、四度海外へ旅行していた。この時、ルーマニアのチャウチェスク共産党書記長に、もし八億の人間をこのまま孤立させておくと、二〇年のうちに世界の平和に重大な脅威を与えると語った。そして、一九六八年の大統領選挙中には側近に、もし中国がヴィザをくれるならば中国を訪問してもいいと言っていた。「中国接近」を念頭に大統領選を戦っていたことが分かる。

大統領就任後の一九六九年二月一日、ニクソンはキッシンジャーに、中国との和解に向けての可能性を探るよう指示を出した。二月五日には、ＮＳＣ（国家安全保障会議 National Security Council）に正式に検討を命じた。その後、キッシンジャーは中国専門家のホルドリッチや国

ニクソンと毛沢東

務省のロードをＮＳＣに引き抜いた。当時、中国との接触点はワルシャワの米中大使級会談（断続的開催）しかなかったが、米国の駐ポーランド大使ストーセルは、ホワイトハウスからの指示で、駐ポーランド臨時大使雷陽に接触し、北京かワシントンで、台湾だけでなく両国間の幅広い懸案を話し合おうと提案していた。この時の国務省本省の電文では、中国はソ連と米国の連携による挟み撃ちを警戒しているとあった。

　米国からのアプローチもあり、ニクソンが大統領に当選した頃、毛沢東と周恩来は『フォーリン・アフェアーズ』誌に掲載したニクソンの論文「ベトナム後のアジア」を検討していた。

　台湾国民党政権から中国共産党へという米国の外交政策の転換は、ニクソンの一期目の大統領選挙時（一九六八年）にベトナムからの「名誉ある撤退（ベトナムの米軍の数は一九六八年までに、一九六三年の一万六〇〇〇名から五〇万名以上になっていた）」を公約していたこともあり、ニクソンが大統領就任時には、北ベトナムを支援している中国との「国交正常化」のきっかけを探っていたと筆者は考えている。一九七〇年二月には、ストーセル駐ポーランド大使が、台湾の米軍基地は中国に脅威を与えるためのものではなく、ベトナム戦争終結時には縮小できることを中国に伝えていた。

　一九七〇年一〇月二五日、ニクソンはキッシンジャーと共に、パキスタンのヤヒヤ・カーン大統領とホワイトハウスで会った。そこでニクソンは、米国が中国と交渉を始めることは最重要課題であり、米国は他の国と組んで中国と敵対することはない。また、米国は、話し合いのために大物大使を送る用意がある、と述べ中国への橋渡しを頼んだ。カーンはニクソンの考えを中国側に伝えると約束した。一一月のカーン大統領訪中後の一二月九日、ヒラリー駐米大使からキッシンジャーへ、「ニクソン大統領の特使を北京で歓迎する」との周恩来のメッセージが伝えられた。一九七一年一二月にインドとパキスタンは全面戦争となるが、以上のことから、ニクソンは「パキスタン寄り」に傾いていったと考えられる。

米国はインド、パキスタン両国へ武器輸出をしていたが、一九六二年一一月五日には、米国はパキスタンとの間で、インドがパキスタンを侵略した場合には、パキスタンを援助すると覚書を交わしていた。しかし、ホワイトハウスを除く各省庁では「インド寄り」が主流であった。中国は、ソ連とインドとの共謀でパキスタンが崩壊してしまうことを懸念し、自国の安全保障に脅威を感じていた。

国連の代表権を、国民党政権から共産党政権に代える議案は、一九七一年のキッシンジャー訪中時に周恩来との議題に上っていたことが、以下の二〇〇二年の機密文書公開により確認できる。

Henry A. Kissinger used his historic meeting with Prime Minister Zhou Enlai of China in 1971 to lay out in detail a

ニクソンとキッシンジャー

radical shift in American policy toward Taiwan in exchange for China's help in ending the war in Vietnam.

（キッシンジャーはベトナム戦争終結に向けた中国の協力と引き換えに、台湾に対するアメリカの政策の根本的な転換を詳細にするため、一九七一年に中国の周恩来総理と歴史的なミーティングを行った）

また、米国の対中政策の転換はキッシンジャーの発案ではなかったことが分かっている。キッシンジャーは、ニクソンから中国との「国交正常化」の話を聞かされた時、ニクソンの判断能力を疑ったとある（Logevall,Fredric & Andrew Preston eds.(2008), *Nixon in the World : American Foreign Policy, 1969-1977*, Oxford University Press, P.109.）。

７　ニクソンは尖閣諸島問題を知らなかった

ニクソンとキッシンジャーには、尖閣諸島問題の認識がなかったことを検証する。

一九七〇年九月、東郷文彦外務省アメリカ局長は、スナイダー駐日公使に対して、「尖閣諸島が、琉球の一部であり、返還される琉球に含まれている旨」の米国側からの公式声明を求めようとしたが断られた。また同年九月一〇日に、愛知揆一は尖閣諸島の領有権問題について日本の領有権を明言していた（第2章8参照）。同年一二月、沖縄返還交渉時、条約課長の中島敏次郎も返還地域に尖閣諸島を明示することを要求したが拒否されている。いずれも、ニクソンが日台の尖閣諸島問題を知る前の話である。一九七〇年一二月時点での尖閣諸島への米国側の解釈は第３章２で検証する。

一九七一年四月一二日、台湾の周書楷駐米大使が離任の挨拶に訪れ、その席上でニクソンに対して尖閣諸島の「主権」を主張した。ニクソンはその時初めて日台の尖閣諸島問題を認識した。周書楷は、尖閣諸島の最終的扱いは「未定」としておくことや、この問題は台湾が「自らを守る方策」だと強調した。そして、米国が台湾の利益を守らなければ、知識人や華僑が大陸の中国共産党政権になびくと警告した。このことはホワイトハウス録音記録（一九七一年四月一二日のニクソン大統領とキッシンジャーの会話記録）により確認できる。また前述したように、キッシンジャーはニクソンが尖閣諸島問題を知る約一か月前の一九七一年三月一五日に在米中華民国大使館から国務省に届けられた口上書によって尖閣諸島問題を認識していた。その時、キッシンジャーはアジア作戦スタッフのホルドリッチに問題点の要約を指示していたが、キッシンジャーは口上書の件をニクソンに報告しておらず、ニクソンは沖縄返還交渉（一九六七年一一月から交渉は始まっている）において日台の尖閣諸島問題のことを知らなかったのである。

一九七一年六月七日、ニクソンは、尖閣の施政権と領有権の日本への分離返還を決めた。「残存主権」から「単なる施政権のみ」という方針に変わったのは、沖縄返還協定調印（一九七一年六月一七日）の直前であった。これは、キッシンジャーでさえ「ナンセンス提案」と感じた非論理的なものであった。

蔣経国は、ケネディー特使を通じて、日本への「尖閣諸島返還」は、最終的地位の決定ではないことを明言することを米国に要求し、国務省から「最終状態は未定」との言質を得ていた。米国は、日本への尖閣諸島返還は施政権のみの返還であり、主権ではないことを明確に内外に言明し、台湾の尖閣諸島への潜在請求権を損なうものではないと強調した。

この蔣経国の要求に対して、六月九日、パリで、ロジャース国務長官はジョンソン国務次官の意見を受け入れ、愛知揆一に、沖縄返還協定の前に尖閣の領有権について台湾と協議することを強く勧めた。しかし、中島敏次郎の著書『外交証言録　日米安保・沖縄返還・天安門事件』によると、そこでは領有権と施政権を分けるような議論はしなかったという。中島は、領有権がないところに施政権を認めるのは不合理であり、もともと領有権が日本にあったから、サンフランシスコ平和条約時、米国が施政権の行使を日本に認めさせたのであり、その施政権を日本に返すというわけであると記している。

愛知揆一は、当初、台湾には沖縄返還協定後に説明を行うとロジャース国務長官へ返事していたが、米国の圧力を受け、六月一五日に東京で愛知揆一・彭孟緝会談が行われた。この席上、愛知は、沖縄返還によって「尖閣問題に関する日本の法的立場は何の影響も受けない」と指摘したが、蔣経国は七月八日、マコノイ駐台米大使に、日本のこの態度を非難した。

8 国会での領有権主張の変遷（一九七〇〜二〇一〇年）

日本の政界では、尖閣諸島の領有権の根拠を〈無主地先占の法理〉論でしか主張できない焦りがあったことを検証すると共に〈先占の法理〉主張を巡る動きに注目して述べる。

一九七〇年四月一五日、参議院予算委員会の分科会で山中貞則総理府総務長官が「尖閣諸島」について、「明らかに石垣島に属する島だ」と初めて答弁した。八月一〇日には愛知揆一外相が参議院沖縄及び北方問題特別委員会で尖閣諸島の帰属について、「これは我方の南西諸島の一部である」と答弁した。

さらに八月三一日には、琉球政府立法院が「尖閣列島の領土防衛に関する要請決議」を採択した。この決議には「元来、尖閣列島は八重山石垣市字登野城の行政区域に属しており、（中略）同島の〔領土権〕について疑問の余地はない」とある。尖閣諸島問題での領有権に関する日本政府としての最初の国会答弁は、一九七〇年九月七日に衆議院科学技術振興対策特別委員会で行われた。外務省条約局の山崎敏夫参事官が「領有権に関しましてはまさに議論の余地のない」「明らかにわれわれの領土」と初めて明瞭に答弁した。九月一〇日の衆議院外務委員会で愛知揆一外相は「尖閣諸島の領有権問題につきましては、いかなる政府とも交渉とか何とかを持つべき筋合いのものではない、領土権としては、これは明確に〝領土権〟を日本側が持っている、こういう立場をとっておる次第でございます。（中略）一点の疑う余地もない。日本国の領有権のあるものである」と答弁した。「これ」とは尖閣諸島を指しており、尖閣諸島の領有権に関しての最初の大臣答弁であった。

一九七〇年九月一七日には、「琉球政府声明　尖閣列島の領土権について」が発表された。尖閣諸島を初めて「我が国固有の国土」とし、その根拠として国際法上の〈無主地〉であった尖閣諸島を閣議決定によって編入（一八九五年一月一四日）し、その翌年四月の勅令一三号によって国内法上の領土編入措置がとられたことを述べたものであった。ここでは、国際法上の〈無主地〉であった尖閣諸島を閣議決定によって編入したという点に留意しなければいけない。〈無主地先占の法理〉は、植民地支配を正当化する根拠と言われている。

愛知揆一外相

山中貞則総務長官

続いて一九七〇年一〇月七日、参議院決算委員会で山中総理府総務長官は尖閣諸島の領有について、「明治二八年（一八九五年）の閣議決定、二九年（一八九六年）の勅令による石垣島の区画決定による日本の尖閣列島に対する明確なる領土権のもとにおいて」と答弁した。それは、閣議決定と勅令によって尖閣諸島を編入した旨を初めて明言したものだった。しかし、翌年の一九七一年六月九日に、愛知揆一はロジャース国務長官と会談の際、「尖閣諸島」の日本への返還は施政権のみの返還であり主権ではないことを、はっきり明示された。ニクソンが尖閣諸島の領有権を切り離し、施政権のみを日本に返還すると決定した日が一九七一年六月七日であることに留意していただきたい。しかしながら一九七一年一一月一二日に佐藤栄作は「尖閣列島が日本国の領土であることの根拠」として、以下の答弁書を閣議決定している（傍線部は筆者）。

「尖閣列島は、歴史的に一貫してわが国の領土たる南西諸島の一部を構成し、明治二十八年五月発効の下関条約第二条に基づきわが国が清国より割譲を受けた台湾及び澎湖諸島には含まれていない。したがつて、サンフランシスコ平和条約においても、尖閣列島は、同条約第二条に基づきわが国が放棄した領土のうちには含まれず、第三条に基づき南西諸島の一部としてアメリカ合衆国の施政下におかれ、本年六月十七日署名の琉球諸島及び大東諸島に関する日本国とアメリカ合衆国との間の協定（沖縄返還協定）によりわが国に施政権が返還されることとなっている地域の中に含まれている。以上の事実は、わが国の領土としての尖閣列島の地位を何よりも明瞭に示すものである」（「衆議院議員楢崎弥之助君提出尖閣列島に関する質問に対する答弁」内閣衆質六七第二号）

沖縄返還交渉後の一九七二年三月八日に、日本政府は「外務省統一見解　尖閣諸島の領有権問題について」を発表した。そこには〈先占〉という文字はなく、「国際法上の〈先占〉によってわが国の領土に編入した」とは明示されてはいなかった。しかし、その後すぐの三月二一日、衆議院予算委員会第二分科会で外務省の高島益郎条約局長は、楢崎弥之助衆議院議員の尖閣諸島の領有の根拠についての質問に対して、現代国際法とも言える「〈先占の法理〉によって日本が合法的に取得した」と初めて答弁した。この時に〈先占の法理〉という言葉が初めて使用され、一九七二年五月、日本政府は初めて外務省情報文化局の「尖閣諸島について」という印刷物上において〈先占の法理〉を用いて尖閣諸島の領有権を主張した。

一九八八年一一月八日には、参議院外務委員会で斎藤邦彦外務省条約局長が「尖閣列島というのは、我が国にとりまして領土問題でも何でもなく、我が国が有効に支配している我が国の領土の一部」と答弁し、一九九一年四月二六日には、衆議院安全保障特別委員会で柳井俊二条約局長が「我が国の立場からいたしまして領土問題があるということではございません」と「棚上げ」合意を否定する答弁をした。柳井は外交官、並びに駐米大使を歴任し、二〇〇五年からは国際海洋法裁判所判事を務め、二〇一一年一〇月、同裁判所長在任中、二〇一六年の中国とフィリピンの間の南シナ海裁定を行う裁判官を任命する権限を有しており、それを実行していた。二〇一〇年一〇月、民主党政権下の前原誠司外相も、「棚上げ」合意を否定した。

日本の尖閣諸島の領有権主張をまとめてみる。

一九七〇年八月三一日に、琉球政府立法院が初めて公的に「尖閣諸島の領有」を主張しているが、日本政府としては一九七〇年九月までは尖閣諸島の帰属及び領有権を明言していない。同年九月七日の外務省条約局山崎敏雄参議官の「我々の領土」発言、並びに九月一〇日の愛揆一外相の「領土権は日本が持っている」答弁等は、現代国際法とも言える国際裁判所の判例を用いた〈先占の法理〉論を用いてはいない。しかし、一九七二年三月二一日に外務省高島益郎条約局長の〈先占の法理〉を用いての答弁があり、同年五月の外務省情報文化局の印刷物での〈先占の法理〉主張になっていく。

その後、現在まで日本政府は〈先占の法理〉を用いて尖閣諸島の領有権を主張しているが、これは、ニクソンによって尖閣諸島の領有権と施政権が分離された一九七一年六月七日以後であった。また、総理府の外廓団体である南方同胞援護会の尖閣列島研究会が奥原敏雄の協力のもと〈先占の法理〉論を領有権の根拠に論理立てした一九七〇年九月以後である。

南方同胞援護会の尖閣列島研究会は、「琉球列島の〈施政権〉は、七二年中に日本に返還されることとされている」という一九六九年一一月の佐藤栄作とニクソンの合意に対して、「尖閣列島と日本の領有権」(『季刊沖縄』第五六号)の中で、「潜在主権」を「潜在的主権」として記述しているが、その解説に「〔潜在主権〕とは最終的な領土処分権のことであり、これがわが国に認められていることは、琉球列島の一部である尖閣列島に対する〔領有権〕が、日本に帰属していることを意味している」としている。ちなみに、南方同胞援護会並びに奥原敏雄の研究と、一九七二年三月二一日(外務省高島益郎条約局長の〈先占の法理〉答弁)以降の日本政府の発言との関係を裏付けるものはない。しかし、佐藤栄作が、沖縄問題を具体的に検討するために沖縄問題懇談会を作り、その座長が元早大総長の大浜信泉(石垣島出身で佐藤栄作の沖縄問題についての助言者)であったことや、その大浜が南方同胞援護会会長でもあったことなどを鑑みると、日本政府と南方同胞援護会は一体であったと言える。また、南方同胞援護会法第一一条では、南方同胞援護会の会長及び監事は内閣総理大臣が任命する、となっている。尖閣列島研究会には、奥原敏雄、尖閣諸島へ渡島した経験を持つ高岡元衆議院議員、国際関係論や国際法の専門家である入江敬四郎、地理学の星野道平などが参加していた。そして入江敬四郎は日清戦争末期における下関条約と尖閣諸島の地位についての論文、星野は東シナ海の大陸棚に関する論文を発表していた。それらの主張は「尖閣諸島は日本の領土」だというものであった。

以上のように、日本政府が尖閣諸島領有の論拠を構成し、歴史的経緯に関する現在の日本政府の尖閣領有の筋書きが完成したのは一九七二年三月二一日の高島益郎条約局長答弁からであった。それ以前には、現在、日本政府が主張する尖閣領有の国際法上の根拠となる国際司法裁判所の判例をもとにした〈先占の法理〉論は言及されていなかった。〈無主地先占の法理〉とそれをもとにした閣議決定のみであった。それ以後現在に至るまで、自民党政権のみならず、民主党政権でも尖閣諸島領有の根拠を〈先占の法理〉論を用い、それを基にした発言が行われているのである。

9　領土紛争の国家主権概念の変容

尖閣諸島の領有権を主張する奥原敏雄の一九九七年度自主研究報告書『領土紛争に見る国家主権概念の変容』の「領土紛争と国家主権概念」から、奥原の〈先占の法理〉論を検証する。

奥原は、この論文の中で領土紛争を扱ったいくつかの国際判例を引用し、先占が成立するための要件、並びに歴史的〈権現〉が認められるための証拠の分析を行っている。

奥原は、一九〇四年六月六日のギアナ境界事件（南米のガイアナとスリナム両国の境界紛争）での仲裁裁判所の判決では、「〈先占〉は国家による実効的、連続的、占有」によるとしている。ギアナ境界事件では、新しい貿易経路を発見しただけでは、その私人の本国がその土地にたいする主権を取得したことにはならない、と判示された。そして、一九三一年一月二八日のクリッパートン島事件での仲裁裁判所の判決は、私人が「ある島」を発見していても、それが「国家の名で行われていないなら、主権の発現とはならない」としている。

以上の判例から奥原は、それらは尖閣諸島の領土問題を考える場合に参考となるとしている。奥原は、尖閣諸島も古くから知られていたというだけでは領有権の根拠とはなりえないとし、中国の歴史的資料を基にした尖閣諸島への主権の主張を否定している。私人の行為と国家の主権行為とは区別されなければならず、国家の主権に基づく行為のみが〈領土権原〉を立証できるということからは、冊封使や漁師が尖閣諸島を知っていた、というような事柄は領有権に関係ないものだと断言している。そして、領有権をめぐって競合がある場合、どちらが、より優位な「実効的支配の証拠」を提示できるかということであると述べ、〈先占〉は「国家による実効的、連続的占有」に依るとしている。これは日本の尖閣への「実効支配」を指している。

芹田健太郎は、一九二八年四月四日のパルマス島（フィリピンミンダナオ島のサン・オーガスチン岬とオランダ領東インドの北にあるナヌーサ群島の中間にある孤島）の主権を米国とオランダが争った紛争での常設裁判所の判決は、主権の設定にとって不可欠とされる要素は、「主権の継続」が不可欠であり、学説も慣行も領土主権の「継続的で平穏な発現」が〈権原〉に値するとしている。発見から生じる〈権原〉については、ただ単に「未成熟な〈権原〉」であり〈実効的先占〉によって「主権を確立する」ための請求権として存在するだけであるとして、継続的な実効的支配が重要だとしている。

芹田は、中国が主張するように下関条約によって尖閣諸島が台湾等と一緒に日本に割譲されたのであれば、尖閣が無主地でなかったとしても、パルマス島事件でマックス・フーバー判事が「継続的かつ平和的な主権の発現」と呼ぶ〈終局的権原〉を論じる余地はない。より明瞭な「割譲という〈権原〉」に座を譲ったことになるからであるとしている。しかし金子利喜男は、この判決では「オランダの長期にわたる継続的かつ平穏な権力の行使」、すなわち国家権力の平穏かつ継続的表示が重要であったと解釈している。筆者は、仮定として尖閣問題のクリティカル・デイト[*1]が一九七〇年前後である場合、そこでは台湾や中国の反対があり、「継続的かつ平穏な権力の行使」であったとは認められないと考える。

また、奥原は上記のクリッパートン島事件での仲裁裁判所の判決から、〈先占〉は「国家による実効的、連続的占有」に依るとしているが、その場合、係争地に係る国々の中で、最も強力な軍事力を持つ国がそれを占有する確率が高く、強国が植民地の支配を正当化するための近代国際法に近いと言える。そして、奥原は一九五三年一一月一七日のマンキエ・エクレオ諸島事件（英国チャネル諸島のジャージー島とフランス海岸との間にあるマンキエ諸島とエクレオ諸島をめぐって、英と仏が領有権を争った事件で、英国のほぼ一〇〇年間の三権の行使に証拠能力を認めた）での常設裁判所の判決では、一七〜一八世紀の〈権原〉は後世の法に従って「有効な実効的占有」に基づく〈権原〉により取り替えられない限り、今日いかなる法的効果も生み出せるものではなく決定的に「重要なのは占有に直接関係する証拠」であると述べている。

芹田は、フランスがマンキエに関して水路測量のための実地調査、灯火やブイの設置、実地調査のための暫定的な標識の設立という事実を主張したが、これに対し国際司法裁判所は「暗礁の外測にブイを設置する等のフランスの行為はフランス政府がマンキエに対して主権者として行為する意図をもっていたことの十分な証拠とはみなしえない。また、これらの行為は、マンキエに対する国家権力の表示と考えられる性質のものではない」（I.C.J. Reports, 1953）と述べており、船舶の安全に関わる国家の行為は、通常、それに関連する島嶼にたいする領有意志とは無関係になされることが多く、主権の〈権原〉の直接的証拠となりにくいものであり、こうしたことから推察すると尖閣諸島は「無主地であった」と考えられるとしている。

以上が、奥原の尖閣諸島での日本の〈先占の法理〉論、援護の主張であり、芹田健太郎、金子利喜男などの国際法を用いての尖閣諸島を巡る日本の領有権への考え方である。
以下に、金子利喜男『世界の領土・境界紛争と国際裁判』から、〈先占〉の要件と判例を簡潔に掲載しておく。

〈先占〉の要件

第一に、それは国家によっておこなわれなければならないということ。その意志を表示しなければならない。

第二に、先占される土地は、無主の地であること。ある土地に人がすんでいても、その土地が、どの国家にも属していないときは、無主の土地とみられてきたが、しかし、そのような土地は、民族自決権と先住権の要求の高揚げとともに、古典的な理論に服しなくなった。

第三に、先占が実効的であることが必要である。先占を尊重させる権力が必要である。無人島の場合、ときどきみまわって国家機関が秩序を維持できれば、それで十分である。また、二〇世紀中の判例で〈先占〉に関係するのは次のような判例である（年号は判決のあった年）。

〈判例〉

①一九〇四年　ギアナ境界事件　あたらしい貿易経路を発見しただけでは、その私人の本国が、その土地にたいする主権を取得したことにはならない、と判示された。

②一九三一年　クリッパートン島事件　島も先占を主張するメキシコは、その権利を実効

的に行使したことを証明しなければならない、との要件が強調された。

③一九三三年　グリーンランドの法的事件　他国が、優越的な主張を立証できないときには、時刻の主権の現実的行使はわずかなものでよいとし、先占の要件を明確にした。

④一九五一年　マンキエ・エクレオ諸島事件　英国は「古来の〈権原〉」を、フランスは「固有の〈権原〉」を主張。ＩＣＪは、実効的占有を重視し、係争諸島は英国領であるとした。

⑤一九二八年　パルマス島事件　ある国家が、当初は実効的に支配していたとしても、いつのまにかその土地を平穏かつ継続的に支配しているなら、後者が優越する。

〈註〉

＊1　クリティカル・デイト（critical date）決定的期日。其の日までの事実は国際裁判所によって証拠として採用され得るが、それ以後のものは審査の対象にならないので、証拠許容限界期日とも訳される。

第3章

✳米国の尖閣諸島問題への対処方針はどう変わったか

1　サンフランシスコ条約以降の日本の「残存主権」を認める

本章ではまず、米国がなぜ日本の尖閣諸島への「残存主権」を認めなければならなかったのかを検証し、米国の尖閣諸島への方針を再確認する。

ソ連は、一九五〇年一一月二〇日付のエイド・メモアール（外交上の覚書あるいは備忘録）で、カイロでもポツダムでも琉球諸島と小笠原諸島を日本の主権から引き離す話はなかったとし、また両会談参加政府が領土不拡大方針を声明していることを指摘し、米国がこれらの島々を施政権者とする信託統治制度の下に置く根拠の提示を求めた。

これに対し米国は、国連憲章第七七条の規定（第七七条は信託統治に関する条文。第二次世界戦争の結果として敵国から分離される地域が挙げられている）とポツダム宣言を援用し、信託統治が領土拡大と同一でないことと、「諸諸島」の将来の地位を平和条約で決定することがポツダム宣言に厳格に従うことである旨、回答した。

米議会のためのＣＲＳ（Congress Research Service）報告によると、一九五一年のサンフランシスコ平和会議上で、英国代表のヤンガーは「サンフランシスコ条約は、琉球の主権を日本から切り離すものではない」と述べた。そこでは、米国は日本が沖縄に対して持つ残存主権（Residual Sovereignty）を認め、米国が「琉球諸島を日本以外の国に返還しない」ことを確認した。ソ連の全権大使グロムイコは日本の完全な主権を認める提案をし、ソ連のモロトフ外相は「従属国ができるだけ早く国家的独立の道を歩むことが可能となるようにしなければならない」と語った。

これらは、英国とソ連が、米国が対日平和条約第三条から南西諸島・南方諸島の「排他的施政権」を日本から得たことに対して、国連信託統治制度との整合性に疑問を呈したものだ。信託統治制度の下では、「施政権者は自治又は独立にむかっての住民の漸進的発達を促進する義務を負う」（第七六条ｂ）となっている。これにより、米国は日本が琉球に対して持つ「残存主権」を認めざるを得なかったと解釈できる。

英国とソ連の反応は、日本に軍事基地を保有するとした一九五〇年一月のスチムソン国務長官声明、そして琉球諸島の米国の排他的な戦略的支配の確保の必要性を同年九月に国務・国防両長官が明言したことに対するものであった。

一九五一年一〇月一八日、吉田茂総理大臣は衆議院安保条約特別委員会での芦田均代議士との質疑で、次のように答弁している。

「領土の問題については、お話の通りアメリカとしては、決して小笠原とかあるいは琉球とかいうようなところの、領土を求めるという考えはないのでありますが、しかしながらもしあの軍事上必要な島々が、不幸にして他国の占領するところとなつて、それが日本の安全を脅かすというような事態が生じても相ならぬし、また日本がこれを防衛するとして、その力はとうていない、すなわち真空状態をある一部に置くということは、東洋の平和からいつてみてもよくないという考えから、米国がこれを一時持つ、しかしながら主権は日本に置くということについては　異存はない。（中略）これは米国政府が領土的野心から出たのではないということと、それからダレス、ヤンガー両氏が、主権は日本に残す考えであるということを言われた」

このように吉田茂は、南西諸島、奄美大島、鬼界島、琉球群島、小笠原群島等を含む南西諸島の主権は日本のものだと米国も考えているとしている。

一九五七年六月二一日、ワシントンでの岸信介とアイゼンハワーとの共同コミュニケで、岸は琉球及び小笠原諸島に対する施政権の日本への返還について、それは、日本国民の強い希望だと強調した。その時点で、アイゼンハワーは日本がこれらの諸島に対する残存主権を有するという合衆国の立場を再確認していた。ただし、アイゼンハワーは脅威と緊張の状態が極東に存在する限り、米国はそこでの現在の状態を維持する必要があるということを指摘していた。同年六月、アイゼンハワーは、米国が一定期間権利を行使した後、主権は日本に返還されると語った。

一九六一年六月二二日、池田勇人首相とケネディー大統領の共同声明で、琉球及び小笠原諸島は米国の施政下にあるが、同時に、日本が残存主権を保有する諸島に関連する諸事項に関し意見を交換し合った。一九六二年三月、ケネディーは琉球のための執行命令を出し、「私は、琉球を日本本土の一部と認識し、自由世界の安全保障上の利益が、日本に対する完全な〈主権〉の返還を許す日の到来するのを期待している」と述べた。この「ケネディー命令」は、琉球諸島から尖閣諸島を切り離す意図はなく、尖閣諸島を含めて全沖縄を日本に返還することを明らかにしたものであった（第2章2参照）。

一九六五年一月一三日の佐藤栄作首相とジョンソン大統領の共同声明では、琉球及び小笠原諸島の米国の軍事施設は極東の安全のため重要であることを認めた。一九六七年一一月一四日および一五日のワシントンでの佐藤・ジョンソン会談後の共同コミュニケでも、両者は上記の軍事施設が重要な役割を果していることを再確認していた。このように、両政府は沖縄の施政権を日本に返還する方針の下に、沖縄の地位について共同かつ継続的な検討を行うことに合意していた。

また小笠原諸島の地位についても、日米両国共通の安全保障上の利益は琉球及び小笠原諸島の施政権を日本に返還するための取決めにおいて満たしうることに意見が一致していた。一九六九年一一月二一日の佐藤栄作とニクソンの共同声明では、佐藤は小笠原諸島の「施政権」の返還は単に両国の友好関係の強化に貢献するのみでなく、沖縄の施政権返還問題も両国の相互信頼関係の枠の中で解決されることになるであろうとし、双方とも施政権返還にあたっては「日米安保条約およびこれに関する諸取決めが変更なし」という声明文の一項が適用されることで意見が一致していた。このように、米国はサンフランシスコ平和条約以降、一貫して日本の尖閣諸島への残存主権を認めており、一九六九年一一月二一日時点では、ニクソンも日本の尖閣諸島への残存主権を認めていたことが確認できる。ニクソンは一九七一年四月一二日までは尖閣諸島の認識はなかった（第2章7参照）。

2　施政権と領有権を分離する動き

日本政府は、米国からの施政権返還を日本の尖閣諸島への領有権の根拠にしているが、ここでは日米のレトリックを検証する。

尖閣諸島に関するアメリカの立場について「外務省ホームページQ&A」を見てみよう。

Q15　尖閣諸島に関し、これまでアメリカ政府はどのような立場をとっていますか。

A15　（前略）サンフランシスコ講和会議におけるダレス米国代表の発言及び一九五七年の岸信介首相とアイゼンハワー大統領との共同コミュニケに明示されているとおり、我が国が南西諸島に対する残存する（又は潜在的な）主権を有することを認めていました（後略）」

（2）一九七一年に作成されたCIAの報告書（二〇〇七年に秘密指定解除）には、尖閣諸島は一般的に琉球諸島の一部と考えられている、との記述に加え、尖閣諸島の主権に対する日本の主張は強力であり、その所有の挙証責任は中国側にあるように思われる、と記述されている。

この「Q&A」を分析する。米国は、日本の南西諸島に対する残存する主権を有することを認めていた、としている。一九五一年のサンフランシスコ平和会議におけるダレス米国代表の発言及び一九五七年の岸信介とアイゼンハワーとの共同コミュニケで明示されているとおり、米国はそれを認めていた。ダレス米国代表の発言（一九五一年九月五日）の概略は「本条約第一章は戦争状態を終了し、日本国民の完全なる主権を認めている。第二章では日本の主権は本州、北海道、九州、四国及びその他の諸小島に限られるべきことを規定。第二条に包含されている放棄は、厳格に且つ慎重にその降伏条項を確認する」というものである。

また、一九六二年三月のケネディー命令では尖閣諸島を含めた日本の残存主権を認めていた。しかし外務省ホームページＱ＆Ａでは、一九七一年六月七日以降、米国によって尖閣諸島の日本への地位変更（施政権と領有権の分離）がなされたことには言及していない。これは恣意的であり、この問題の本質を国民に知られないための日本政府のレトリックである。

尖閣諸島は、サンフランシスコ平和条約第三条に基づき南西諸島の一部として米国の施政下に置かれ、その後、一九七二年発効の沖縄返還協定によって施政権のみが返還された。しかし、米国が中立政策を採ったため、沖縄返還協

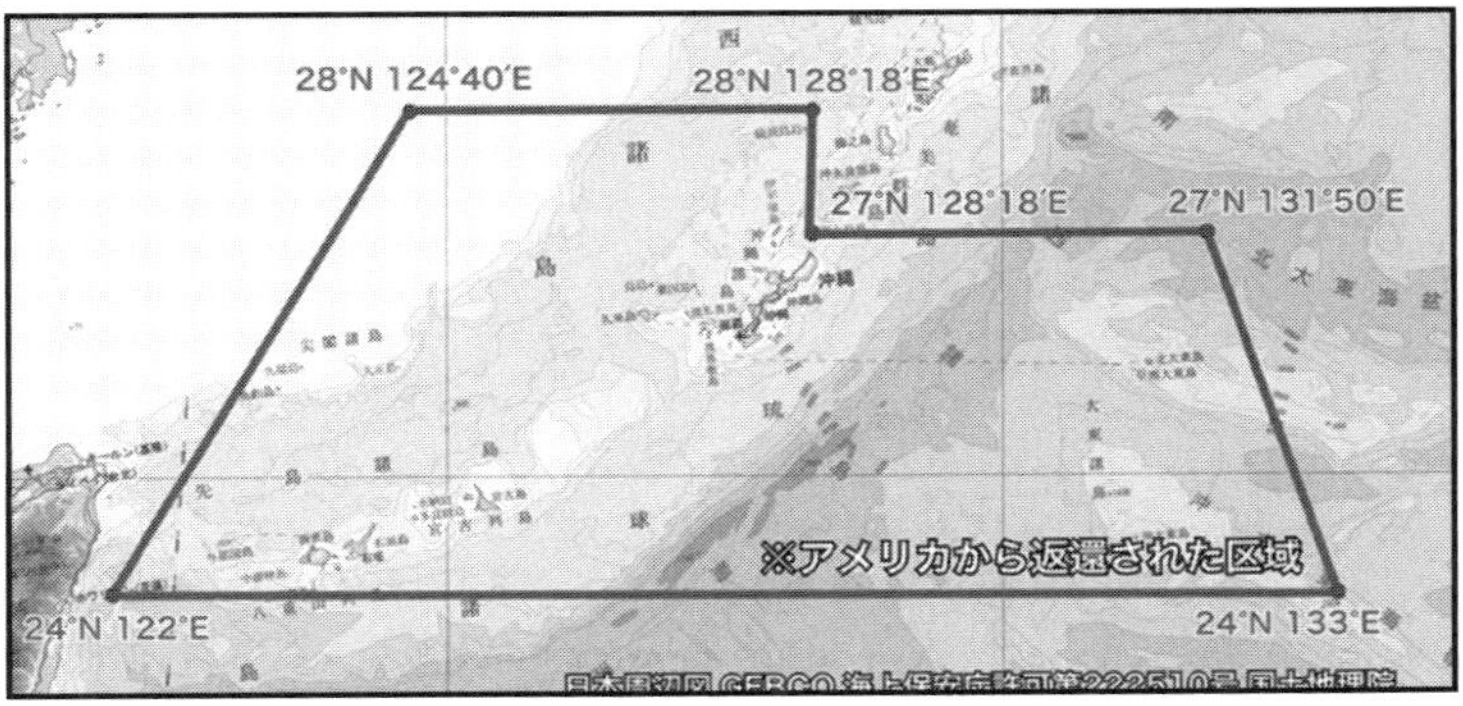

沖縄返還協定（合意議事録）で規定された返還範囲（外務省資料）

定文には「主権」の言葉はなく、米側（ニクソン政権）は施政権と領有権の分離論の主張を通した。本来、日本が有しているのは一九五七年の岸信介とアイゼンハワーとの共同コミュニケで明示されていた琉球に対しての残存主権であり、領有権のない施政権のみの返還は、完全なレトリックと言える。

外務省条約課長の中島敏次郎は、一九七〇年一二月の協議で、返還地域に尖閣諸島が含まれる旨を明示することに難色を示す米国との間で協議が続いたとしている。中島は、日本案通りに返還区域の経度緯度を示して尖閣が含まれることを明確にすべきだと訴えていたが、一九七一年三月二〇日付の「アメリカ局・条約局」名の文書では「経度線で囲む方式によって協定上尖閣問題を表面化することはさけたい」とした。その理由は、台湾において尖閣諸島問題がエモーショナルな問題になっていたためであった。最終的には付属文書に以下の文言が沖縄返還協定の一部として残された（巻末資料5参照）。

「第一条に関し、同条二に定義する領土は、日本国との平和条約第三条の規定に基づくアメリカ合衆国の施政の下にある領土であり、一九五三年一二月二五日付けの民政府布告第二七号に指定されているとおり、次の座標の各点を順次に結ぶ直線によって囲まれる区域内にあるすべての島、小島、環礁及び岩礁である（ちなみに、尖閣諸島は、東経一二三度から一二四度三四分、北緯二五度四四分から五六分の間に点在する八つの小島からなっている）。

(1)北緯二八度・東経一二四度四〇分、(2)北緯二四度・東経一二二度、(3)北緯二四度・東経一三三度、(4)北緯二七度・東経一三一度五〇分、(5)北緯二七度・東経一二八度一八分、(6)北緯二八度・東経一二八度一八分」

ここで、一九七〇年と一九七一年の日米交渉の流れを簡単にまとめておく。詳細は巻末の「尖閣問題関連年表」を参照されたい。

■一九七〇年

九月、東郷文彦アメリカ局長は、スナイダー駐日公使に対して、「尖閣諸島が、琉球の一部であり、返還される琉球に含まれている旨」の米国側からの公式声明を求めようとしていたが失敗した。九月一〇日、愛知揆一外相は「尖閣諸島の領有権問題」について日本の領有権を明言した。

一二月、沖縄返還交渉時、中島敏次郎条約課長も返還地域に尖閣諸島を明示することを要求したが拒否されている。

■一九七一年

四月九日、米国務省は、一九七二年に尖閣諸島の施政権を日本政府に返還するとの公式態度を明らかにした(この「施政権」とは、ニクソンが同年六月七日に尖閣諸島の領有権と施政権を分離決定した以前のもの)。

五月六日、スナイダー駐日米公使と吉野文六　米局長が尖閣諸島について意見を交わした。その中で、スナイダーは尖閣諸島問題を台湾政府関係者に「日本と話し合うことを勧めた」と話した。

五月一一日、マイヤー駐日米大使は、愛知揆一外相に「米国としては施政を行っている地域を日本に返還するが、その際歴史的ないし将来の領土の主張の採決を行わず、将来国際司法裁判所に引き出されたりする事態を避けることが基本的立場である」旨主張した。それに対して愛知は「事務当局に再検討させることにした」と返答した。

六月九日（ニクソンの尖閣諸島の領有権と施政権を分離した決定は六月七日）、ロジャース国務長官は、愛知外相とパリで会談。席上、ロジャースは「尖閣諸島問題で台湾国民が非常にエモーショナルになっているので台湾政府は憂慮している。台湾が米国に圧力をかけているので、日本が台湾政府と話し合いを行ってくれるとありがたい」と述べた。愛知は「返還協定調印後に説明をすることになる」と答えている。

六月一五日、愛知揆一外相は、東京で米国の圧力の下、彭孟缉と会談した。愛知は沖縄返還によって「尖閣問題に関する日本の法的立場は何の影響も受けない」と述べた。

六月一七日、愛知揆一外相とマイヤー駐日大使は沖縄返還協定の「合意議事録」を交わす。

一一月一二日、佐藤内閣が「尖閣列島が日本国の領土であることの根拠」を閣議決定した。

一二月一五日、福田赳夫外相は参院本会議で、尖閣諸島での米軍射撃場について「それこそが、尖閣列島が日本の領土として、完全な〈領土〉として、施政権が今度、返ってくるんだ、こういう証左を示すものである」と発言した。

福田の発言は「尖閣列島が日本国の領土であることの根拠」の閣議決定後であり、福田が尖閣諸島の施政権が日本に戻れば、それは自然と日本の領土になると思ったことは当然であり、彼は施政権と領有権の区別をしていなかったと考えてよいだろう。また、一九五三年一二月二五日の奄美大島の施政権返還後は、奄美大島は鹿児島県に編入され、島民は日本国籍を取得するなど完全に日本の領有となっている。そのことを考えると、施政権の返還は領有権の返還と同意義と考える方が自然である。現実に、沖縄返還後には、沖縄本島は日本の領土になっていることを鑑みると、尖閣諸島の施政権と領有権の分離案は不自然なものだ。既に述べたように、国連信託統治制度により琉球・尖閣諸島を統治していた米国に、他の国連諸国との協議なしでの尖閣諸島に対する日本の地位の変更は国際連合憲章[*1]との整合性を持たない。

サンフランシスコ平和会議でダレスがスピーチした「残存主権」から尖閣諸島への施政権のみの返還という観念はニクソンが沖縄返還交渉時に生み出したもので、キッシンジャーもそれを聞いた時、初めは驚き、ナンセンスとしていた。また、既に述べたように、福田赳夫答弁の約一か月前の一九七一年一一月一二日に、佐藤栄作自らが、答弁書「尖閣列島が日本国の領土であることの根拠」を閣議決定していたことから、福田赳夫を含め政府関係者が、この不可思議な観念の意味を理解していなかったということが推測される。

後に条約局長、最高裁判事も務めた中島敏次郎は、施政権というのは領有権に基づいてあるわけだから領有権がないところに施政権を認めるのは不合理としている。

米国の施政権下に尖閣諸島が含まれていたのかどうか。

二〇〇一年一一月一二日のＣＲＳ報告（第２章２参照）と同じく、二〇一二年九月二五日の米議会公聴会記録（Mark E. Manyin, Senkaku(Diaoyu/Diaoyutai)Island Dispute: U.S. Treaty Obligations, Congress Research Service, September 25, 2012.）によると、一九五三年一二月二五日に米琉球国民政府は、布告第二七号にて、南西諸島の境界を北緯二九度以南と定義して「尖閣諸島を施政権の範囲」に含めたとしている。しかし、北緯二九度以南の定義はサンフランシスコ平和条約第三条と同じで、尖閣を含むかは明示されていない。サンフランシスコ平和条約の当該部分は次の通りである。

「日本国は、北緯二九度以南の南西諸島（琉球諸島及び大東諸島を含む。）孀婦岩の南の南方諸島（小笠原群島、西之島及び火山列島を含む。）並びに沖の鳥島及び南鳥島を合衆国を唯一の施政権者とする信託統治制度の下におくこととする国際連合に対する合衆国のいかなる提案にも同意する」

以上のように、南西諸島を米軍軍政下に置くが、その範囲に尖閣諸島が含まれるのかどうかは明確にしていなかったが、米国民政府布告第二七号「琉球列島の地理的境界　琉球列島住民に告ぐ」が発表され、その地図には尖閣諸島が含まれていた。その理由として考えられるのは、一九四六年一月二九日に、連合軍最高司令部訓令（ＳＣＡＰＩＮ）六七七号の発令によって、日本の領土を「日本の四主要島嶼と対馬諸島、北緯三〇度以北の琉球諸島を含む一〇〇〇隣接小島嶼」と定義しており、一九四八年四月一六日、米軍は黄尾嶼（久場島）とその周辺海域を米空軍の射撃訓練に使用すると発表していた。その後、五月からは、黄尾嶼（久場島）の周辺五海里を立入禁止にし、一九五五年まで空対地射爆訓練場として使い、その後、米海軍は赤尾嶼（大正島、久米赤島）を使用していたことがある。

一九七一年六月一七日に東京で取り交わされた愛知揆一外相とマイヤー駐日大使の「合意議事録」では、「琉球・大東諸島の範囲を布告第二七号において指定された」としている。しかし、尖閣諸島の扱いを見ると微妙な表現になっている。以下は、その布告第二七号（ＵＳＣＡＲ27）の抜粋とその和訳である。

(A) An Agreed Minute to the Okinawa Reversion Treaty defines the boundaries of the Ryukyu Islands and the Daito islands as designated under USCAR27.

「沖縄返還協定の合意議事録にて、布告第二七号において琉球・大東諸島の範囲が境界として指定された」。

※この英文上には、琉球と大東諸島の名前はあるが「尖閣」の名前は見当たらない。

(B) Moreover, the latitude and longitude boundaries set forth in the Agreed Minute appear to include the Senkakus (Diaoyu/Diaoyutai).

「そのうえ、合意議事録に書かれた緯度と経度の範囲内には、尖閣＝釣魚島が含まれるように見える」（和訳、矢吹晋）

矢吹晋は、(B)の英文について、appear to include the Senkakus の部分は尖閣列島を特定していないが、尖閣が含まれているようにも感じる非常に微妙な言い方であると述べている。

〈註〉

＊1　国際連合憲章第一二章「国連信託統治制度」並びに第一三章　信託統治理事会」の第八九条の表決手続（信託統治理事会の決定は、出席し且つ投票する理事国の過半数によって行われる）、第九〇条の二（信託統治理事会は、その規則に従って必要があるとき会合する）。

3　なぜ「施政権」のみの返還となったのか

なぜニクソンは尖閣諸島の施政権と領有権を分けたのか。以下、筆者の説を展開する。

尖閣諸島の「地位」についてのニクソン大統領の決断は、沖縄返還協定の調印（一九七一年六月一七日）の一〇日前の六月七日であった。最終的決断がギリギリまで延びたのは、蔣介石の強い交渉態度と国際環境によるものであったといえるが、筆者は、ニクソンが台湾からの繊維輸出規制妥協案の通知を最後まで期待していたことが大きいと考えている。

この時期、ニクソンは二期目の大統領選挙（一九七二年一一月七日）が近づいており、繊維業界支援者と共和党員から大きな圧力を受けていた。ニクソンは、一九六八年の大統領選で南部の繊維産業救済を公約していた。しかし、繊維業界支援者等からはニクソン政権の政策の消極性に不満の声が強く上がっていた。そして、繊維製品と履物の輸入制限を目的とした「ミルズ法案（一九七一年一月、米下院ミルズ歳入委員長）」が再提出された。

二〇一四年七月二四日に外務省が公開した外交文書によると、日本の繊維製品の対米輸出規制を話し合う日米繊維交渉が決裂した一九七一年三月、ニクソンが佐藤栄作に「失望と懸念を隠すことができない」などと日本政府の対応を強く非難し、交渉打ち切りの警告や輸入制限立法の必要性にも言及した異例の書簡を送っていたことが判明した。このことからも、ニクソンが繊維交渉を最重要課題としていたことは明らかである。

佐藤栄作首相とニクソン大統領

日米繊維交渉を巡っては、佐藤とニクソンは一九六九年一一月の首脳会談時に年内決着で合意（密約）していたが、その内容を日本の官僚が当初把握せず交渉が頓挫した経過が過去に公開された外交文書などで明らかになっている。また、繊維交渉は沖縄返還協定調印後の一九七一年一〇月に、日本の米提案受諾で政治決着するが、交渉決裂による密約履行の遅れがニクソンの佐藤栄作への不信感を増幅させ、一九七一年七～八月のニクソン訪中計画発表と金ドル交換停止という二つの「ニクソンショック」をもたらした。この時、繊維交渉の決裂を受け、マイヤー駐日大使は「沖縄問題への跳ね返りも心配している」と日本側に忠告していた。結局、繊維交渉の妥結を経て、一九七二年五月に沖縄が本土に復帰した。

繊維問題担当のケネディー特使とピーターソン大統領補佐官は、一九七一年六月七日のニクソンの尖閣諸島の地位決定まで、日本への返還延期を条件に台湾との繊維交渉をまとめ、それを突破口にアジア諸国との交渉全体をまとめようとしていた。ピーターソンは、ニクソンの「沖縄（尖閣含む）の施政権返還」決断を在台北のケネディーに知らせた。六月一七日の極秘資料によると次のような内容である。「沖縄返還交渉には、既に長い議論が費やされ沢山の約束がなされているので、もはや交渉を振り出しには戻せない。このことによって〔尖閣諸島を含めた沖縄〕の日本への返還に落ち着いた」。また、ニクソンはピーターソンへ、台湾に対しては非常に遺憾とするとして、台湾の今後の良好な防衛についての協議のため軍事担当の大統領特使を派遣するように、と指示していた。

ニクソンは、「尖閣諸島を含めた沖縄返還決定」の延期は、沖縄返還協定のもう一つの密約の履行の最終局面を難しくすることも懸念していた。栗山尚一の『外交証言録　沖縄返還・日中国交正常化・日米「密約」』によれば、それは「嘉手納基地の使用等、沖縄返還にかかる一切の経費は日本政府が負担する」という密約であった。ニクソンは、佐藤栄作の繊維輸出の「自主規制」についての密約反故のため、彼の支持団体である繊維業界からの突き上げを常に気にしていた。佐藤栄作の密使であった若泉敬は、自著『他策ナカリシヲ信ゼムト欲ス』の中で、佐藤栄作は、ニクソンの米国内の状況認識が甘かったと記している。

この米国の繊維業界事情は、日米関係史研究者の石井修の「第二次日米繊維紛争（一九六九年―一九七一年）―迷走の一〇〇〇日」で検証されている。この石井の論文やマイヤーの『東京回想』を参考に、一九七〇年前後のニクソンの米国での選挙事情を述べる。

ニクソンは、一九六八年の大統領選挙で「南部戦略」の一環として、斜陽化しつつあった南部の繊維産業救済を公約のひとつとして当選を果たした。一九六九年一月の就任後、公約履行のために、日本、韓国、台湾、香港に対して、毛製品、化学繊維製品の対米輸出自主規制を求めた。繊維問題は、政治と経済問題の中心であったと言える。

若泉 敬

繊維業界は、少数民族系の労働者が雇用されている割合が高いなどの社会的側面に加えて、米国の選挙区のほとんどに少なくても一つは工場があった。繊維産業には総計二五〇万人、米国の工場労働者のうち八人に一人が働いていた。一九七〇年の最初の一一か月で一一万三〇〇〇人の繊維労働者が職を失い、それまでの二年間で四〇〇の繊維工場が閉鎖に追い込まれていた。また、一九六〇年代の民主党、ケネディー政権は選挙公約どおりに、綿製品の輸入を規制する国際綿製品長期協定を結ぶことに成功していた。故に共和党のニクソンとしては、絶対に果たさなければならない選挙公約であった。

一九六九年一一月二〇日の日米首脳会談の席上で、佐藤栄作は繊維の対米輸出自主規制を年末までに果たす約束（密約）をニクソンと交わしていたとキッシンジャーは述べている。この時、ニクソンは佐藤へ、繊維の対米輸出自主規制要求書（極秘メモ）を手渡した。以下は、佐藤栄作が首脳会談の際にニクソンから手交された紙の内容を某事務官が記憶により記したものである。

①毛及び化合繊維製品のそれぞれについてシーリングを設ける。
②上記シーリングの中に衣料品と非衣料品のシーリングを設ける。
③衣料品と非衣料品の中で特にセンシティブなものにつき特定の制限を設ける。
④毎年ある程度の伸び（化合繊五%、毛一%）を考慮する。

若泉敬は、キッシンジャーから繊維交渉が最も重大な案件だと念を押されていた。しかし、佐藤はニクソンへの約束を果たせないままに一九七〇年を迎えてしまった。そのため、米国の繊維製造業界は日本の非妥協的態度に対して痛烈な非難を行い、一九七〇年五月頃には、ニクソン政権の繊維についての消極性に不満を抱いていた人々が政権への圧力を強めていた。デント大統領首席顧問はニクソンに、彼らが議会を動かし日本への沖縄返還承認を阻止する可能性があることを指摘した。同年秋、訪米した佐藤はキッシンジャーに繊維問題の解決を再び約束したが、日本政府は日米の繊維問題の妥協点を見つけられず苦慮していた（巻末資料６参照）。

一九七〇年一一月三日は中間選挙の投票日だった。ホワイトハウス内では、南部の議員がニクソン政権を見放すかもしれないといった議論もされるようになっていた。もし、彼らがニクソン政権に背を向けると、共和党が南部で築き上げてきた基盤が失われることになる。そのような背景があり、ニクソンもミルズ法案（繊維製品と履物の輸入制限を目的として、一九七〇年四月一三日に提出された、民主党下院議員の名を冠した法案）を支持したのだ。

1968年の大統領選

当時、連邦議会は上下両院ともに民主党が多数を占めており、ミルズが、繊維業界からの圧力に応ずる形で「日本が自主規制に応じなければ、議会は繊維の輸入割当を法制化する」との声明を発表した。

一九七一年三月八日の「日本繊維産業連盟の対米繊維輸出自主規制に関する宣言」（巻末資料７）に対して、ニクソンは三月一一日に不満を表す「日米繊維問題に関する大統領声明」を出している（巻末資料８）。最終的に一九七二年一月三日に、日本の大いなる妥協のもとに繊維協定が成された（巻末資料９）。

既に述べたように、ニクソンが繊維交渉を最も重視した理由は一九七二年の大統領再選にあった。一九六八年の大統領選には勝利したが、得票率は四三・五パーセントで、敗れた民主党のハンフリーとの差はわずか〇・五パーセントだった。その上上下両院とも民主党が多数派を維持していた。ニクソンは一八四八年以来、上下両院で多数派を獲得せずに選出された初めての大統領でもあった。ニクソンは一九六〇年の大統領選でも民主党のケネディーに敗れ、二年後の一九六二年のカリフォルニア州知事選でも敗れたため、ニクソンの政治生命は終わったと言われていたのだ。

ここで、ニクソンが一九六八年の大統領選に当選した背景を説明しておく。

ベトナム戦での米軍の数は、一九六三年の一万六〇〇〇人が一九六八年には五〇万人以上に急増していた。一九六七年一〇月二一日、ワシントンＤＣで最初の大規模な反戦集会が開催された。一九六八年一月三〇日には、北ベトナム人民軍が南ベトナム軍と米軍に一斉攻撃を仕掛けたテト攻勢が始まり、米軍の絶対的優勢を確信していた米国世論に衝撃を与えた。ニューハンプシャーの予備選挙の後の三月三一日、ジョンソン大統領は立候補しないことを発表した。

その四日後の四月四日には、黒人公民権運動家のマーティン・ルーサー・キング・ジュニアが暗殺され、これをきっかけに全米各地で人種暴動が発生し、一〇〇以上の都市で暴動が起こった。四月二三日に、米ニューヨークのコロンビア大学で、学生たちが大学当局に対しベトナム戦争支援機関に関与していると非難、大学を封鎖した。この頃から反戦運動は全米の大学に拡大し、学生らは集会、抗議、建物に立て籠るなどの行動に出ていた。

六月、ロバート・F・ケネディーは、カリフォルニア予備選挙に勝った後に暗殺された。そして共和党はニクソンを候補者に指名した。米国社会はベトナム戦争に米国が関与することを支持する層と平和を切望する層に分極化していたが、この頃になると、大半の米国人はベトナム戦争の関与に反対するようになっていた。その理由は、戦争のエスカレートとともにベトナム兵、民間人、米兵の死者数が脅威的なレベルに達したためであった。国民は、長引く戦争に憤りとフラストレーションを募らせていた。大統領選とカリフォルニア州知事選に敗れていたニクソンはこの機を逃さず政界復帰を目指した。ニクソンは、民衆にアイゼンハワー時代の安定を取り戻すことを約束し、ベトナム戦争からの「名誉ある撤退」と、「南部の繊維産業救済」を選挙公約とした。

大統領選と州知事選に敗れた苦い経験は、ニクソンに敗北に対する脅迫観念にも似た不安感を抱かせた。それに自身の執拗な性格と相まって、佐藤栄作に「約束」の反故を許さなかったといえる。

米国としては、一九六九年一一月に予定されていた日米首脳会談での沖縄返還最終合意を目指していた。一九七一年六月七日の「施政権のみの返還」決定は、「米国は日本から尖閣の〈施政権〉だけを受け取った（サンフランシスコ平和条約第三条において、琉球と大東諸島を含む北緯二九度以南の南西諸島に対して、排他的施政権を得た）ので、その権利状態を損なうことなく日本へ返還する。日・台・中に於ける尖閣諸島の領有権争いには、米国は立場をとらない」というものだった。しかし、前年の一九七〇年の夏には、国務省と在台北、在東京の米国大使館は尖閣の日本の領有権を認めていた（第2章5参照）。

米国大統領の地位と権限は、名実ともに絶対的ともいうべきものである。それは、議員内閣制の日本の総理大臣とはまったく異なっている。政治学者、ハンス・モーゲンソーは、「対外政策がいつもそれほど合理的、客観的、かつ冷静なふるまいをしてきたわけではない。個性、偏見、および主観的な選考、それに、人間が宿命的に受け継いでいる、知性と意志のあらゆる弱点、といった不確実な諸要素は対外政策を合理的なコースから必ずやそらすにちがいない」と、大統領の人柄が外交方針の決定に影響する懸念を述べている。そして、モーゲンソーは、外交政策を知るうえで指導者の精神分析は欠かせないものであると指摘している。

筆者は、尖閣諸島の領有権を分離した施政権のみの返還は、ニクソンの佐藤栄作の密約反故による「怒り」から来ていると考えており、以下、ニクソンの性格を考証していく。

政治ジャーナリストでニクソン研究家でもあるシオダー・H・ホワイトは『大統領への道』の中で、「ニクソンは少年・青年時代を貧しい中産階級の人間として送ったが、その結果、多くの奇妙な性格を持つようになった。（中略）なにがなんでも人に好かれたいという強い気持ち、そしてまた自分がはねつけられると本能的に反発して、激しく仕返しをするという性格である」「彼は、世の中を、油断なく、険しい猜疑心をもって見るようになったのだった」と分析している。

ニクソンは回顧録などで幼少期を「貧しかったが幸せだった」と振り返っているが、父の店（雑貨屋兼八百屋兼ガソリンスタンド）は軌道に乗り、母の実家も裕福であったことから、ピアノやヴァイオリンを習う余裕もあった。当時のアメリカの平均的な家庭と比べて貧しいものではなかった。しかし、長男と四男が病気（小児結核）を患い、その医療費負担は一家の家計に重くのしかかり、父は店の土地半分を売らなければならなくなった。ニクソンは一〇歳の時には、ジャガイモの選別、野菜の配達、ガソリンスタンドのポンプ押しをし、やがて店の野菜主任そして経理主任をこなすようになっていた。

サイコヒステリカル分析の権威、ブルース・マズリシュは『ニクソンの精神分析―人格と政治の錯綜』の中で、「彼は、極端に矛盾した攻撃的衝動に走り、しかも、他人にそれを転化して処理しようと意図する」「彼は、他人の上に、許しがたいような衝撃を転化する。彼は、個人の利益と、国の利益とを同一視する」「学者として私は、公的人物を、ニクソンのように矛盾が共生する人間として扱ったことはない」と結論づけている。この本の訳者である岩島久夫は、「ニクソンという〔人間〕の恐ろしさを、まざまざとみせつけられた思いがする。〔執念〕のものすごさというか、まさに、〔狂信〕と〔狂心〕の紙一重の差の間を突進しているといった感じである。（中略）ニクソンの〔ベトナム和平〕は、ほんとうの〔平和〕に通じる道であろうか。〔歴史を作る〕ニクソンの使命感は、はたして〔歴史の摂理〕にたがわない路線の上にのっているのだろうか。アンビバレントなニクソンにかきまわされて、それこそ世界中がアンビバレントな〔分裂症状〕を呈してこないよう願うものである」と締めくくっている。

ニクソンは、デューク大学大学院の学生だった一九六三年の末、成績が悪いと次の学期以降、奨学金を受ける資格がなくなると心配し、自分の成績がクラスで何番目かを知るために、学長室に忍び込んだことがある。この話は、彼が目的を果たすためにはどんな手段も辞さないという性格を示唆しているものだ。

ニクソンはウォーター・ゲート事件以前から、ＦＢＩに国防総省のハルペリン国防副次官補と国務省のスナイダー日本部長の電話を盗聴させていたことがあり、ジョンソン国務次官もニクソンが自分の電話を盗聴している可能性を示唆していた。ジョンソンはニクソンの性格について、友人であり彼の支持者でもあったロジャース国務長官を公私両面で侮辱しており、知人に対しても容赦なく罵倒する性格であったと回顧している。

キッシンジャーもニクソンのことを「彼はひどく変わった男で、人に好かれるタイプではありません」「ニクソンは、カリフォルニア州の共和党員で、人と打ち解けないことで有名であった」と回顧している。そして、臆病で知識人やユダヤ人、米国北東部の国際主義者というエスタブリッシュメントを軽蔑していたとも述べている。また、キッシンジャーは、二〇一三年七月三日、上海で江沢民元国家主席と会談した際、一九七一年七月の最初の訪中で毛沢東と会談しなかった理由を尋ねられた時、「ニクソンが中国の最高指導者である毛沢東と会う最初の米国政府指導者になりたかったことを私はよく分かっていたからだ」「私がワシントンに帰り、ニクソンと会ったとき、大統領がその栄誉を奪われた不愉快さで、私を怒鳴りつけるのではないか。私は、本当は毛主席に会いたいという強烈な願望を

ニクソン大統領の中国訪問

抱いていたが、後のことを考えて必死になって、その欲望を抑えたのだ」と答えていた。以上のことから、ニクソンは猜疑心の塊であり、かなり偏執、執拗な性格であったと思われる。

ニクソンは、アイゼンハワー政権の副大統領時代から佐藤の兄、岸信介とは旧知の仲であり、訪日経験もあった（一九五三年末に副大統領として。一九六四年、一九六七年には民間人、ペプシコ顧問弁護士として）。また、沖縄も訪問し、日米関係における沖縄問題の重要性はよく理解していた。一九五三年末の訪日では、再軍備によって、共産主義に対する西側同盟の積極的なプレーヤーになるように日本に要求していた。

しかし筆者は、ニクソンは知日派であっても親日派ではなく、大国である米国大統領が、敗戦国であるアジアの小国、日本の首相に騙されたという屈辱は相当に深いものであったと考えている。ニクソンは、佐藤栄作に対し、「ジャップの裏切り」と怒ったという（Michael Schaller, Altered States,）。若泉敬は自著で、ニクソンは佐藤栄作に個人的な敵意を抱くようになったと記している。

一九七一年三月八日、日本繊維産業連盟による自主規制が決定し、この決定を日本政府は支持した。ニクソンは直ちに怒りを露わにして拒絶声明（日米繊維問題に関する大統領声明、外交青書一五号）を発表した。また、ニクソンは自らの訪中をソ連やインドには事前通知していたにもかかわらず、日本には通知しなかった。そのことは、英サンデータイムズ紙のヘンリー・ブランドン・ワシントン支局長が、真の動機はニクソンの怒りだったと記している。岸信介は、日本に通知せずに訪中を決定したことはニクソンによる「しっぺ返し」だと認めていた。

五月五日の国家安全保障会議（NSC）会議で、スタッフたちは中国問題で日本に通告を怠ると面子を失った日本の政権は倒壊するかもしれないとニクソンに伝えたが、ニクソンは一向に気にかけなかった。

ニクソンの「怒り」は相当に激しく、九月に訪米した田中角栄通産大臣に、一〇月一五日までに繊維交渉が妥結しなければ、対敵取引法を適用して一方的に輸入割り当て措置を講ずると恫喝した。対敵取引法とは、「戦時及び大統領により、国家非常時中、外国の輸入もしくは輸出を統制できる」というものである。日本側は、繊維業界を中心として輸出規制反対論が根強く、交渉は難航していたが、日本は譲歩せざるをえない状況になっていった。

担当の宮沢喜一通産大臣はこの問題を投げ出した。その後、田中角栄が引き継ぎ、繊維業界との折衝に当った。もともと労働集約型の繊維産業は日本のお家芸であり、戦前も、生糸絹織物は輸出品目のトップに位置していたし、生糸は米国女性の靴下として大きな需要があった。戦後も経済に占めるウェイトは高く、輸出規制は業界にとって死活問題となるだけに対米輸出規制は容易なことではなかったのだ。

田中は、過剰設備の大幅買上げ（織機等三万九〇〇〇台、全額国庫負担三七七億円）を実行した。この「対米繊維輸出自主規制等に係る特別措置」は、総額一二七八億円（うち一般会計五〇二億円）であった。この措置で日米繊維交渉は一応妥結することになった。

当時、米国政府内でも台湾への配慮に加えて、日米間で懸案だった繊維交渉で日本に譲歩を促す際の交渉材料にするためにも、尖閣諸島を直ちに日本に返還すべきでないという意見があった。そのような中で、アレクシス・ジョンソンは、尖閣諸島の日本返還を主張していた。彼は尖閣諸島に関する年表をまとめ、台湾も、かつては尖閣諸島が沖縄に含まれていたことを認めており、最近発見された尖閣諸島周辺の海底資源の確保のために領有権の主張を強めていると、ニクソンへ献策していた（一九七一年）。

この年表をもとに、ニクソンとキッシンジャーが協議した結果、大統領自身が日本への返還を決断したとする機密文書が公開されている。またジョンソンは、一九七一年一二月二九日にニクソンに提出した三四頁のメモに、「在日米軍は日本本土を防衛するために日本に駐留しているわけではなく、韓国、台湾、および東南アジアの戦略的防衛のために駐留している」と記しており、沖縄での米軍基地の存在を重要視していたことが分かる。

また、朝日新聞の「東郷メモ　沖縄密約　核」（二〇〇九年一二月一七日）によると、当時駐日大使であったジョンソンは「日米の核持ち込み密約」にも関わっており、一九六八年一月、東郷文彦北米局長、牛場信彦外務事務次官と硫黄島・父島視察に同行したおり、ジョンソンが「核を積んだ艦船の寄港・通過は持ち込みに当たらない」と密約の米側解釈の説明をしたことが米公文書で明らかになっている。ジョンソンは、在日米軍は東南アジアの戦略的防衛のためのものであると考え、尖閣諸島を日本に残しておきたかったのである。

後にキッシンジャーは周恩来に傾倒していったが、第３章２で述べたように、尖閣の「施政権のみの返還」案はキッシンジャーの考えではないことが判明している。キッシンジャーは、若泉敬に「自分個人としては、別にこの繊維問題に利害関係があるわけではないが、この問題には私の友人（ニクソンをさす隠語）をはじめ、多くの有力者が関与している」と述べている。

また、ジョンソンはキッシンジャーについて、「日本関係に興味を示さず、その一部を国務省に任せていた」と記している。若泉も一九六八年一月一五日にキッシンジャーと話した折、「彼は日本に特別の関心もなく恐らく沖縄のことを知らなかった」と記している。

つまり、キッシンジャーは繊維問題には興味を示していなかったのである。また回想録の中で日本については「中国沿岸の沖合に浮かぶ列島」で、「私にしても、同僚たちにしても、日本人の文化と心理を十分につかんでいなかった」と認めている。キッシンジャーの対日観は、二〇〇六年五月二七日付『東京新聞』の報道でも知ることができるが、常日頃のニクソンとの会話の中で、キッシンジャーの「嫌日感」がニクソンの持つ対日感情へ影響を及ぼしたことは容易に想像がつく。

「ジャップは裏切り者」
キッシンジャー氏　72年、日中外交で　米公文書

【ワシントン＝共同】ニクソン米大統領の中国訪問など一九七〇年代の米外交政策を主導したキッシンジャー大統領補佐官（後に国務長官）が一九七二年夏、田中角栄首相が訪中して日中国交正常化を図る計画を知り「ジャップ（日本人への蔑称）」との表現を使って日本を「最悪の裏切り者」と非難していたことが、二六日までに解禁された米公文書で分かった。キッシンジャー氏の懐疑的な対日観は解禁済みの公文書から明らかになっているが、戦略性の高い外交案件をめぐり同氏が日本に露骨な敵がい心を抱いていたことを伝えてい

る。繊維交渉などで険悪化した当時の両国関係を反映しており、一九七〇年代の日米関係史をひもとく重要資料といえる。文書はシンクタンク「国家安全保障公文書館」が国立公文書館から入手。二六日の公表前に共同通信に閲覧を認めた。

ハワイで日米首脳会談が行われた一九七二年八月三一日付の部内協議メモ（極秘）によると、キッシンジャー氏は部内協議の冒頭で「あらゆる裏切り者の中でも、ジャップが最悪だ」と発言した。続けて、中国との国交正常化を伝えてきた日本の外交方針を「品のない拙速さ」と批判し、日中共同声明調印のために田中首相が中国の建国記念日に訪中する計画を非難。首相訪中に関する日本からの高官協議の申し入れを拒否したという。またフォード大統領訪日を直前に控えた一九七四年一一月一二日付の国務省会議録（秘密）によると、国務長官も兼務していた同氏は省内会議で田中首相について「日本の標準に照らしてみてもウソつきだ」と言明した。

既に述べたように、ニクソンが日台の尖閣諸島問題を知ったのは一九七一年四月一二日である（第2章7参照）。

尖閣諸島の領有権と施政権の分離政策を発案したのは、国際法専門家だったチャールズ・シュミッツであったことが、春名幹男の研究で明らかになっている。

シュミッツは沖縄返還交渉時、財政交渉を担った人物で国務省の法務官を務めていた。彼は春名のメールでの質問に「中立政策は繊維交渉とは関係ない」と断言している。春名は、二〇一三年の時点では中立政策の原因として繊維問題を指摘し、ニクソンは繊維問題を重視していたとしていたが、シュミッツとのメールのやり取りの後、二〇一五年には繊維交渉は無関係だったと自身の説を変更している。現在、春名は、米国は領土紛争に巻き込まれたくなく中立政策を採ったとしている。

また、ロバート・D・エルドリッヂは、自著において、米国は台湾と日本の「板挟み」になることを避けたかったことを理由としている。台北の中央研究院近代史研究所の林満紅は「台湾と米国の繊維交渉が原因でない」と述べている。春名と林は、米国が尖閣諸島領有問題で〝中立〟の立場を採ったことは「繊維交渉」とは無関係だったとしているが、それは、日・台・中の領土紛争に巻き込まれたくなかったという主張であり、一九七〇年九月一〇日の国務省報道官マクロフスキー発言と似ているが、マクロフスキー発言はニクソンの「中立政策」とは性格の違うものである（第2章1参照）。そこでは、ニクソンの偏執的性格や佐藤栄作への「怒り」の感情は考慮されていない。

このほかにも、ニクソンの中立政策について、「窮余の一策」説や「中国への手土産」説、さらに「米国が中・日・台の間に敢えて紛争の火種を残し米軍を沖縄返還以降も沖縄に駐留させる正当な口実を作るためであった」などという説もあるが、筆者はこれらの説に対して否定的である。

まず、中立政策に国務省の法務官であるシュミッツが関わっており、「窮余の一策」とは考えられない。もしそうであるならば、歴代大統領と同じく日本の残存主権を認めるのが自然ではなかろうか。ニクソンは日本の残存主権を一九七一年六月七日に確認していた。また、ジョンソンも尖閣諸島に関する年表を示しながら説明していた。

次に「中国への手土産」説は、台湾への配慮が同時に中国の配慮にもなるという意味であるが、キッシンジャーが周恩来に会う以前のことであり、米中接近は双方の利益であった。米国はベトナム戦争撤退に中国の協力を必要とし、中国は米国に接近することでソ連を牽制することが出来た。

少し話は逸れるが、中国の米国接近の必要性を説明しておく。中国とソ連は一九五〇年代後半から対立関係になっており、印パ戦争ではインドをソ連が支援し、パキスタンを中国が支援していた。一九五九年九月、インドと中国は国境線を巡って武力衝突を起こし、一九六二年一一月には大規模な軍事衝突に発展していた。また、一九六九年三月二日にはダマンスキー島（中国名、珍宝島）事件があり、領有権を巡って軍事衝突が発生していた。一九六九年八月にも新疆ウイグル自治区で軍事衝突が起こり、中ソの全面戦争や核戦争にエスカレートする重大な危機に発展していた。

当時、ソ連は中ソ国境沿い六四〇〇㎞に四〇個師団の大軍を展開していた。一九七一年五月には四四個師団に増強されていた。一九七二年二月二三日、北京での会議で、周恩来はニクソンに、インドと中国の軍事衝突は、ソ連のフルシチョフ首相の差し金でインドが先に攻撃してきたことを説明していた。また毛沢東は、人民解放軍元帥陳毅と軍事委員会副主席葉剣英から、米中でソ連を牽制することが肝要と進言されていた。一九七〇年一二月一八日に、毛沢東は米国のジャーナリスト、エドガー・スノーに「ニクソンが旅行者、大統領いずれの資格であったとしても、彼の北京訪問を歓迎する」と話していることからして、中国からも米国へ歩み寄っていたことは間違いなかった。現実に、翌一九七一年八月九日には、ソ連とインドとの期限二〇年の友好条約が結ばれた。その九条では、当事国のいずれかが攻撃を受けた、或いは脅しを受けた時は「適切な効果的措置」をとることを協議すると約束されており、まさに同盟条約であった。両国の敵国とは中国のことであり、中国にとって、対ソ連対策は喫緊の問題であり、米国に接近する方法が最善であったと言える。

以上のことから、米国は中国への過大な配慮をする必要はなかったと考える。もし、「中国への手土産」というならば、尖閣諸島を台湾の領土とすることであったろう。また、「米国が中・日・台の間に、敢えて紛争の火種を残し……」説については、沖縄への米軍基地存続は沖縄返還交渉時、既に決定事項となっていたので、その仮説もあり得ない。

沖縄返還協定調印直前の一九七一年六月七日、繊維交渉で台湾と合意するために尖閣諸島の返還を保留すべきだというケネディー特使の提案を受け、キッシンジャーとジョンソンは、ニクソンの判断を仰ぐことにした。ケネディーとピーターソンは、繊維交渉で台湾からの譲歩による妥結ができれば他の諸国からの妥協も引きだせるので、台湾への面子をたてるために日本への尖閣諸島の返還の保留を提言していた。この時のやりとりを記録した音声資料がカリフォルニア州のニクソン大統領図書館に保存されていた。ニクソンとキッシンジャーが尖閣諸島を沖縄の一部とみなしていたことが分かる資料である。以下はその内容の概要である。

「キッシンジャーは以下のように主張した。『一九四五年に日本が台湾から撤退した際、尖閣は沖縄と共に残された。一九五一年のサンフランシスコ平和条約で、沖縄の日本の残存主権は米国等参加国によって認められた。その時にこれらの島々に関する大きな決断は成された』。台湾の反対をめぐっては、『講和条約から一九七一年に入るまで尖閣に関する特別な交渉は一切行われていない。既に（台湾から）手放され、自動的に沖縄に含まれた。これが（今日までの）歴史だ』と指摘した。ニクソンも、沖縄返還交渉を『台無しにすることはできない』と応じ、キッシンジャーの意見を支持した」

尖閣の領有問題について「米国が中立の立場を保つ方針」は、一九七〇年九月一〇日の時点で国務省マクロフスキー報道官が明らかにしていた。国務省は、一九六九年四月には尖閣の海底資源を巡って争う台湾と日本の関係を知っていた。この資源争いが台湾でエモーショナルな問題になっていたこともあり、日本と台湾の海底資源問題に米国が巻き込まれないように国務省は対応していた。

この件に関する一九六九年六月六日の国務省とガルフ社の会談の機密文書（Offshore Oil:Taiwan-Ryukyus Boundary and Related Matters）が二〇一五年一〇月二〇日に公開されている。この時、国務次官補代理のロバート・バーネットは「我々は琉球諸島の施政権を行使しているが、〔潜在的な主権〕は日本にある」とガルフ社に説明、また「尖閣諸島は琉球諸島の一部だ。米国も中華民国もそのように扱っている」と答えた。一九六九年八月、国務省のキャリアで日本部長を務めたフィンは国務省を訪ねたユニオン・カーバイド（米国石油化学企業）のワシントン・オフィス代表に「米国は、尖閣諸島は琉球諸島の一部だと考えている。これは日本政府の理解でもある。台湾はこの立場に異議を唱えてこなかった。しかし、台湾は尖閣諸島が「中国」の一部だという主張を強めるかもしれない」と説明した。

また、一九六八年八月二七日に米政府当局者である臨時参事官（政治問題担当）モーザーは台湾外交部当局者に、米政府は沖縄における「日本の残存主権」を認めていると発言しており、これは米政府関係者の共通の認識であったことがうかがえる。

筆者は、この機密文書の送り先リストに、当時国務省で東アジア担当の法務官として勤務していたチャールズ・シュミッツ（「施政権と領有権分離」の発案者）の名前を目にした。つまり、シュミッツは一九六九年六月には尖閣が琉球の一部であること、そして残存主権は日本にあることを確認していたことが分かる。

また、国務省日本部で沖縄返還交渉に取り組んでいたマクエルロイからシュミッツ宛ての一九七〇年

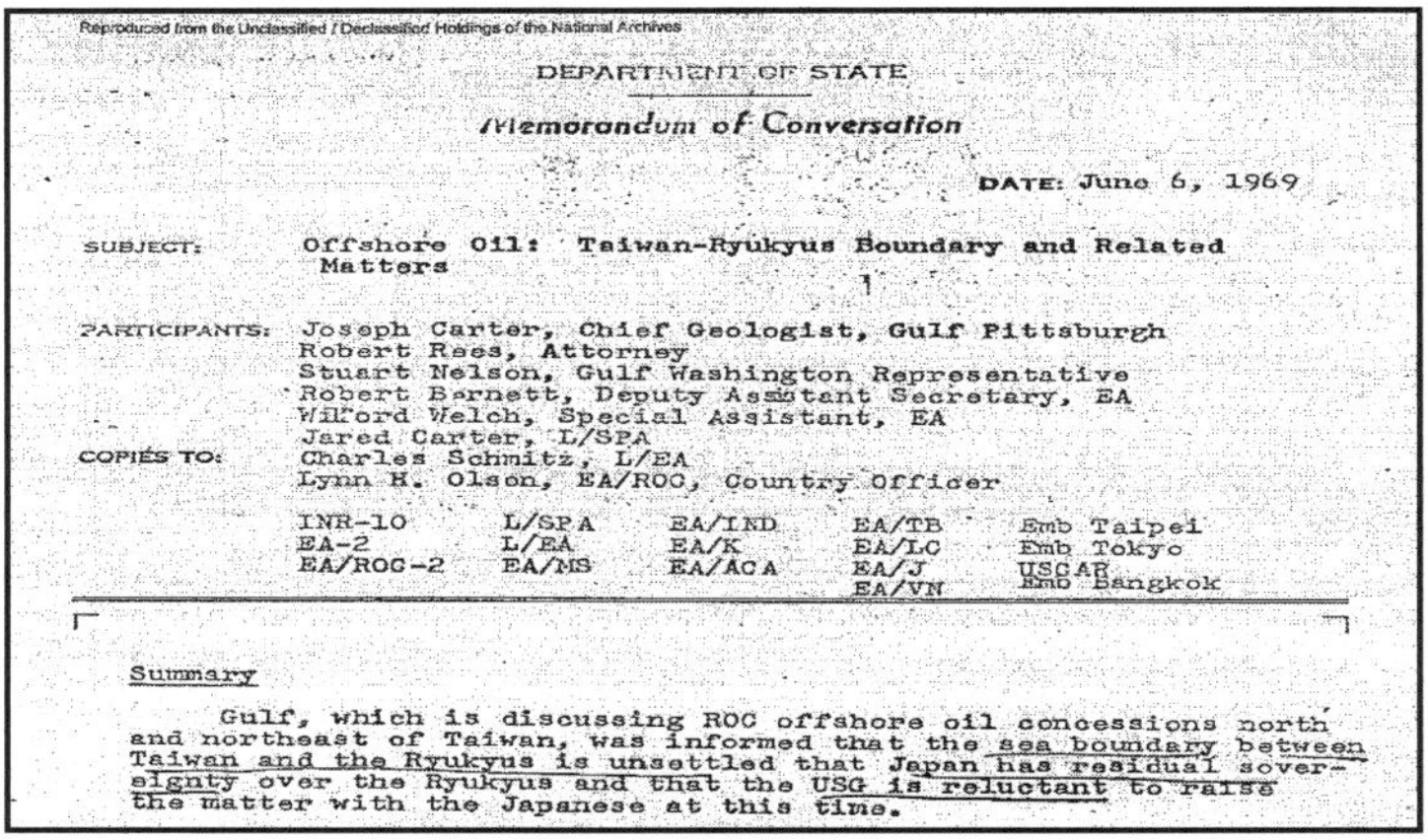

DEPARTMENT OF STATE

Memorandum of Conversation

DATE: June 6, 1969

SUBJECT: Offshore Oil: Taiwan-Ryukyus Boundary and Related Matters

PARTICIPANTS: Joseph Carter, Chief Geologist, Gulf Pittsburgh
Robert Rees, Attorney
Stuart Nelson, Gulf Washington Representative
Robert Barnett, Deputy Assistant Secretary, EA
Wilford Welch, Special Assistant, EA
Jared Carter, L/SPA

COPIES TO: Charles Schmitz, L/EA
Lynn H. Olson, EA/ROC, Country Officer

INR-10	L/SPA	EA/IND	EA/TB	Emb Taipei
EA-2	L/EA	EA/K	EA/LC	Emb Tokyo
EA/ROC-2	EA/MS	EA/ACA	EA/J	USCAR
			EA/VN	Emb Bangkok

Summary

Gulf, which is discussing ROC offshore oil concessions north and northeast of Taiwan, was informed that the sea boundary between Taiwan and the Ryukyus is unsettled that Japan has residual sovereignty over the Ryukyus and that the USG is reluctant to raise the matter with the Japanese at this time.

国務省とガルフ社の会談の機密文書

二月二七日付書簡の中に「対日講和条約第三条で使用された記述に従うことが好ましい。ただし尖閣問題への言及はさけることとする」とある。それは、対日講和条約第三条で記述されている南西諸島が、第二次世界大戦終了時に日本の支配下にあった北緯二九度以南のすべての島を指しており、尖閣諸島を含むことが意図されているからであった。そして、講和条約にもとづき、米政府は琉球諸島の一部として尖閣諸島に対し施政権を行使しているが、琉球に対する残存主権は日本にあると解されていた。

シュミッツは、一九七一年六月七日（ニクソンの中立政策決定）直前まで尖閣は琉球の一部であり、日本に残存主権があることに対し異議を持っていなかったということになる。法務官であるシュミッツは、米国のサンフランシスコ条約以降の琉球諸島・尖閣諸島への施政権の行使は、国連信託統治制度下によるものであり、日本が持つ残存主権のことを熟知していたはずである。第2章7で述べたように、中島敏次郎がシュミッツについて、「沖縄返還協定文案作成交渉の中、尖閣の日本返還について何も異議を述べていなかった」と自著に記していることの信憑性は高い。

ニクソンとキッシンジャーは、一九七一年六月七日に日本の尖閣への残存主権を確認しているが、同日の午前一〇時三〇分には、アレクシス・ジョンソンがキッシンジャーと電話で尖閣の「施政権のみの返還」を伝えている。よって、ニクソンは六月七日以前にジョンソンを介してシュミッツの「領有権と施政権の分離」案を聞き、それで決定していたと筆者は推察する。

国務省所属のシュミッツは、在米中国人が尖閣諸島防衛のためのデモを展開しており、国務省が琉球群島を返還するときに尖閣諸島の施政権を日本に引き渡すが、尖閣諸島の「主権帰属問題」に対しては中立の立場を取ると述べていた（一九七一年四月四日）ことを知っていた。また国務省はこれに遡る一九七〇年九月一〇日、尖閣諸島の「領有権」は、紛争にかかわる国家及び地域自身によって解決されるとしていた（第2章1参照）。ちなみに、ニクソンが日台の尖閣諸島問題を知ったのは一九七一年四月一二日であった（第2章6参照）。

また、ホワイトハウスと国務省との意思疎通の悪さは、キッシンジャーと国務省のジョンソン（一九六九年一月国務次官就任）が反目しあっていたことが関係していると言える。キッシンジャーは、ジョンソンが国務省に設立した、各行政部内の職務に幅広く関与できるコンピューターシステム（パソコン通信などの磁気テープで意見・情報を交換する）を廃止し、自分が責任者となる国家安全保障会議（ＮＳＣ）をそれに代わるものとした。この時から、国務次官ジョンソンとキッシンジャーは反目しあった。ニクソンと蜜月関係であるキッシンジャーは、国務省を軽視していたとジョンソンは自著に書いている。

この国務省とホワイトハウスの関係は、尖閣諸島問題を理解するには考慮しなくてはいけない要素である。実際、両者の関係は悪かったようで、一九七二年二月二二日の北京人民大会堂での会議で、ニクソン大統領は周恩来に「国務省はざるのように水漏れするところだ」と揶揄《やゆ》し、キッシンジャーそして彼の代理であるヘイグ准将とＮＳＣスタッフ以外の者へは会議記録を見せないようにすることを提案していた。ニクソンやキッシンジャーらＮＳＣスタッフの中では、ロジャース国務長官を「お客」という暗号名で呼んでいた。そして訪中時、キッシンジャーは、ロジャースを重要な会議の場から外していた。そのため二月二八日の上海コミュニケに国務省側が知らされていない内容があったためロジャースが激怒したことがあった。

また、これより少し前の一九七一年一二月、国務省と国家安全保障会議の間で、インド・パキスタン紛争に対する意見が対立（ロジャース国務長官や各省はインド寄り、ニクソン、キッシンジャーはパキスタン寄りであった）したおり、その記録がコラムニストのアンダーソンによりリークされた。それは、キッシンジャーの書記役をしていた海軍の下士官がＮＳＣの会議文書をコピーし国防総省へ流していたことにより起こったものだが、それによりキッシンジャーが窮地に追い込まれた。この時のことを、キッシンジャーは、「ロジャース国務長官との関係は悪くなるばかりで、政策上の相違を募らせるばかりであった。それは政策の一貫性を危うくするまでになっていた」とし、ロジャースは「キッシンジャーが勧告することはなんでも特権を振り回しているとして反対する傾向があった」としている。また、ロジャースは地政学的な重要性を少しも理解していなかったとも記している。そして、国務省とホワイトハウスの代表はお互いに同じチームの一員ではなく、競い合う主権者のように相対していたと記している。キッシンジャーは回顧録『キッシンジャー秘録③北京へ飛ぶ』の中で、エドガー・スノーと毛沢東、周恩来とのインタビューの中で、エドガー・スノーの二人に対する印象について、「米中関係は直ちに改善する見通しはない」「毛沢東は一九七二年以前に米中関係が進展することは期待していない」とする国務省の報告があった（一九七一年四月）と、国務省の無能ぶりを指摘している。この時点では、ニクソンとキッシンジャーのパキスタン経由での中国接近の工作が実りつつあり、六月二日には、周恩来から「ニクソン訪中」への快諾を得ていた。キッシンジャーは回顧録に、中国に関して国務省が管轄しているのは唯一、国連での中国代表権問題だけだったとも記している。

筆者は、ニクソンの心中には「尖閣の施政権のみの返還」という主案と「尖閣を台湾の領土とする」という副案の二つがあったとも推測している。もし六月七日までに台湾から繊維交渉の妥協案（ケネディー特使は、蔣介石と蔣経国から尖閣諸島を日本へ返還しないなら、繊維交渉で妥協してもいいという極秘提案を受けていた）が届いていたならば、尖閣と沖縄は分離され、尖閣は台湾へ返還されていた確率が高い。米国は台湾に対して融和的な回答を重ねながら、日本側には六月一七日の沖縄返還協定調印の直前まで台湾との交渉を伏せ、曖昧な態度をとった。これは台湾側に偏った外交姿勢であった、と春名幹男は記している。

六月七日午前八時二〇分にジョンソンはキッシンジャーに電話し、台湾の繊維交渉妥協案の経過を訊ね、台湾にいるケネディー特使からの電報では「不明確」だったことをキッシンジャーから確認している。春名幹男は、キッシンジャーはケネディー特使やピーターソン補佐官の尖閣についての台湾寄りの行動を良くは思っておらず、また政権内で経済グループと外交・安保グループの対立があったと記している。

筆者は、キッシンジャーがジョンソンへ「不明確」と回答したことについて、キッシンジャーが意図的に台湾の「繊維問題妥協案」を隠した可能性を感じている。台湾との繊維交渉をまとめるために、台湾の求めに応じて尖閣諸島の返還を保留すべきだというケネディー特使の主張をまとめたメモを、昼食後の午後一時少し前、ピーターソンは私設秘書のウッズを通してニクソンに届けていた。そのメモには「台湾は繊維問題解決のパッケージを受け入れる」と記されていた。

キッシンジャーの北京訪問（一九七一年七月九日）の目的は、ベトナム戦争からの撤退について中国の了解を取り付けることであった。それゆえ、キッシンジャーはケネディー特使とピーターソンの台湾重視の姿勢（尖閣を沖縄返還交渉に含めない案）を牽制したかったのであろう。このことは、同日午後のキッシンジャーとニクソンの沖縄返還についての会話によっても明らかだ。キッシンジャーは、「ここに至って尖閣を返還しなければ、沖縄返還そのものが崩壊してしまう」と言った。キッシンジャーは、決して日本の肩を持ったわけでなく、自分の進める外交を重視したのだ。また、キッシンジャーはベトナム戦争後の沖縄の米軍基地保持のため、沖縄返還交渉を後退させたくなかったとも筆者は推測している。これについての検証は、今後の研究の課題としたい。

ジョンソンがキッシンジャーへ電話し、台湾との繊維交渉妥協案の経過を訊ねたのは、ニクソンが最終決定前にその動向を確認したかったからであろう。ニクソンは、昔から全て自分自身で決定しなければ気が済まない性格で、選挙戦でも周りの意見を聞かず、全て自分の手で決定しようとしていた。キッシンジャーもニクソンは他人には相談しないのが普通だったと述べている。シュミッツの案を採用したのはニクソンに違いない。国務省所属のシュミッツの上司はジョンソンであるが、彼は日本の残存主権を一貫して主張しており、ジョンソンが「施政権のみの返還」案を提言するわけはない。また、ニクソンは部下の提言を受け入れる人物ではない。

以上の経緯を、米国の機密文書公開と先行研究を参考に整理してみよう。

①一九七一年六月七日の数日前、ニクソンは、アレクシス・ジョンソンを介して、チャールズ・シュミッツに、佐藤栄作への報復を含めた案を作成するように求めた。そこで、シュミッツは、尖閣の「施政権のみの返還」案を提言する。そしてニクソンは、その案と共に、もし台湾からの繊維交渉妥協の連絡があった場合に備えて、尖閣を台湾へと与える案も用意した（ニクソンは、ぎりぎりまで台湾のケネディー特使からの繊維交渉妥協の連絡を期待していた）。

②六月七日朝八時二〇分にジョンソンがキッシンジャーに電話し、台湾との繊維交渉の動向（ケネディー特使からの「台湾の繊維交渉妥協案」の有無）を尋ねた。そこで、キッシンジャーは「不明確」であると答えた。

③ジョンソンは直ちにそのことをニクソンに伝えたと考えられる。

④同日一〇時三〇分、キッシンジャーはジョンソンに電話をした。そこでジョンソンは、尖閣の「施政権のみの返還」というニクソンの「決定」を伝えた（機密文書公開済み）。ジョンソンはキッシンジャーに次のように説明した。米国は日本から尖閣諸島の施政権だけを受け取ったので、その権利状態を損なうことなく日本へ返還する。日・台・中に於ける尖閣諸島の領有権争いには、米国は立場をとらない。

⑤同日一五時二〇分、ニクソンは中国への秘密接近のことで、キッシンジャーに電話する（機密文書公開済み）。以下はその内容である。The Big Thingとは、ニクソンの中国接近のことである。

ニクソン「（尖閣問題の）我々の立場はどういうものなんだ？　あの大きな件（The Big Thing）に関係するのか？」

キッシンジャー「彼らは台湾を手に入れれば、それ（尖閣）も手に入れられると考えているのです」

⑥一五時二五分〜一六時一〇分、ホワイトハウスの大統領執務室で、ニクソン、キッシンジャー、ピーターソンの間で、一〇日後に迫った沖縄返還協定の署名と、台湾が日本への返還に反対していた「尖閣諸島の地位」について検討を行い、日本の残存主権の確認をしていた（機密文書公開済み）。

ニクソンは、③の時点では「施政権のみの返還」を決めており、⑥の残存主権の確認もニクソンの決定に影響を与えることはなかった。その時の会話のやり取りの中に、やはり台湾との繊維交渉を非常に気にしているニクソンの言葉があった。⑥について米外交文書が公開されている。

ニクソン「台湾との交渉がまとまらないと繊維交渉全てがだめになる。そういうことだな」

ピーターソン「その通りです」

ニクソン「我々がほかに、台湾にできることは何かないのか？」

キッシンジャー「彼らが望む軍事装備を与えることは可能です」
ピーターソン「(台湾にとって) 装備は島ほど重要ではありません」
ニクソン「我々は沖縄 (の問題) で後戻りはできない」

筆者は、ニクソンが六月七日以前にジョンソンを介して、佐藤栄作への「報復」を込める方向での案の作成指示をシュミッツへ与えたとするのが自然だと考える。また矢吹晋は、六月七日の一五時二五分~一六時一〇分に尖閣諸島の「施政権と領有権の分離案」は最終決定されたとしているが、筆者は、同日の朝八時二〇分過ぎにジョンソンが (キッシンジャーとの電話後) ニクソンへ台湾からの繊維問題妥協案が「不明確」であることを伝えた時だと推察している。シュミッツは、尖閣諸島の施政権と領有権の分離案を発案した時の概念をブログで以下のように記している。

「沖縄は『返還』ではない。『権利放棄』したのである。米国が施政権を放棄し、日本が再統治することを認めたのである。その領域は新たに示さず、一切手を加えず、島の領有権に関わらないようにした。『日本のため』の挿入は、日本国内をなだめるための政治的意図であり、法的には何の意味もなかった。米国国務省は尖閣の地理、歴史を吟味・分析したが、三国の領有主張の判断は出来なかった。返還するといっても、日本の尖閣をめぐる領有主張を支持するものでないと何回も日本側に説明し念を入れた。領有権は米国ではなく国際司法裁判所が判断すべきものである」

筆者は、シュミッツのブログ記述は通り一遍の回答でしかないと感じている。

第一の理由は、シュミッツは、六月七日の数日前にジョンソンを通してニクソンの指示を受け、施政権と領有権の分離案を提言していたというのが筆者の推論である。第二の理由は、シュミッツは中島敏次郎との返還協定文案作成交渉の中、尖閣の日本返還について何も異議を述べていなかったので、これ以前には、施政権と領有権の分離案は考えてもいなかったということになる。第三の理由は、シュミッツは一九六九年の国務省とガルフ社の会談の文書を読んでおり、日本の残存主権や「尖閣は琉球諸島に含まれる」ことを確認していた。最後の理由として、彼は東アジア担当の法務官であり、ケネディー命令や、歴代の米大統領が日本の残存主権を認めていたことを熟知していたはずだ。そして春名幹男の研究によると、シュミッツは施政権と領有権の分離案をニクソンへ提言していたという。このことはシュミッツも矛盾を感じたはずである。また、このような大スクープは、とてもブログ上に載せられるものではなかった。

一九八四年、ジョンソンは回顧録『ジョンソン米大使の日本回想』の中で、繊維問題について次のように述べている。

「問題自体がいかに実質性を欠いていたかは、あれほどの血を流したというのに、日本はケネディー財務長官との交渉で最終的に合意された輸入割当額をほとんど満たしていないという事実によって明らかである」

「あれほどの血を流した」という意味は具体的には書かれていないが、筆者は、ニクソンの佐藤栄作への個人的な報復（日本から尖閣の領有権を奪った）を指していると推測している。また回顧録出版時にはニクソンは、存命であり具体的には書きづらかったものだと想像している。

4　日米安保保障条約の適用はあてにはできない

日米安保保障条約では、米国は日本の施政権下にある領域の防衛の支援を義務づけられている。このことについて米国のレトリックを検証する。

一九六〇年、改めて日米安保保障条約は締結された。一部を抜粋する（傍線筆者）。

「第五条　各締約国は、日本国の施政の下にある領域における、いずれか一方に対する武力攻撃が自国の平和及び安全を危うくするものであることを認め、自国の憲法上の規定及び手続に従って共通の危険に対処するように行動することを宣言する」

仮に尖閣諸島が第三国から攻撃された場合、米国が尖閣諸島に対する日本の領有権を認めていない現状でも、米国には「自国の憲法上の規定及び手続に従って共通の危険に対処するように行動する」義務が生じる。米国は、一九七一年六月一七日の沖縄返還協定とそれに関する「合意された議事録」によって、尖閣諸島が日本に施政権を返還する地域の一部であることを認めたからだ。

合意された議事録の一部を抜粋する。

「一九七一年六月一七日、同条二に定義する領土は、日本国との平和条約第三条の規定に基づくアメリカ合衆国の施政の下にある領土であり、一九五三年一二月二五日付けの民政府布告第二七号に指定されているとおり、次の座標の各点を順次に結ぶ直線によって囲ま

れる区域内にあるすべての島、小島、環礁及び岩礁である」（外交青書一六号）

しかし、米国は尖閣諸島の最終的な領有権をめぐる日本、台湾、中国の間の対立については公式の立場を表明していない。「この問題が当事国間で平和裏に解決されることを望む」とだけ言明している。尖閣諸島は日本の施政権下にあるが、その領有権については「なおも争いがある」というのが米国の立場である。

一九七一年一〇月二七日から二九日にかけて開催された沖縄返還協定についての米上院公聴会で、ウィリアム・ロジャース国務長官は以下のような質疑を受けた。

フルブライト委員長が、尖閣諸島に関わる点について「米政府は主権を決定せずに残すということか」と質問したのに対し、ロジャースは、日本に施政権を返還するが、日本、中国、台湾の主権主張については、米国は中立の立場をとるとした。そして、「沖縄返還協定は尖閣＝釣魚島に対する主権の決定に影響ありや」と上院外交委員長から問われて、ロジャースは、「尖閣諸島に対する法的地位にまったく影響しない」と答弁した。

また、デラウェア大学教授で中国系米国市民の政治家でもある呉仙標は、「返還協定に尖閣諸島は含まれるか」とのロジャースの問い合わせに対して、主権については「中立」とする東アジアおよび太平洋担当法律顧問代理ロバート・スターの書簡（一九七一年一〇月二〇日）を引用し、尖閣諸島の帰属は台湾と日本とで意見の食い違いがある。台湾も尖閣諸島の主権を主張しており、尖閣諸島の施政権は日本に返還されるが、日本が受け取る権利は尖閣諸島に対するいかなる残存主権をも損なうものではない。米国は、日本から引き渡された施政権をそのまま返還するのであり、返還によって権利が増えることも減ずることもない。米国は尖閣諸島に対していかなる権利も主張しない。尖閣諸島に対する主権の争いは、関係当事者が解決すべき事柄だと回答した。

スターの書簡には「中華民国と日本が尖閣諸島の主権を争っている。また、中華人民共和国も尖閣諸島の主権を主張していることを、私たちは知っておくべきである」と記されていた。

サンフランシスコ条約以降の話に戻すと、吉田茂が理解していたとおり、日本は尖閣諸島の残存主権を持ち続けていた。要するに、米国の言い分は、日本は残存主権と施政権を持っていた。そこでサンフランシスコ平和条約時に、米国はその中の施政権だけを取り上げたということである。日本が主権を持っていたからこそ、米国は施政権を行使することができた。そのことは、米国自身がダレス発言以降認めていたことである。

しかし、米国は沖縄返還協定調印（一九七一年六月一七日）以後、台湾や内外に対して、日本への尖閣諸島返還は、施政権のみの返還であり、主権の返還ではないことを明確に言明した。それでは主権や領有権を持たない尖閣諸島の施政権とはどのようなものなのか。仮に中国が尖閣諸島の領有権を持ち、日本が施政権をそこで行使するとはどういうことなのか。現状では、国連の監督を受けて統治する信託統治以外、そのようなことはあり得ないのではないか。これは、米国のレトリックであるといえる。

日本は日米安全保障条約第五条の適用に関し、尖閣諸島は一九七二年の沖縄返還の一環として返還されて以降、日本の施政下にあり、日米安全保障条約は尖閣諸島にも適用されるとしている。しかしながら、米国から日本への尖閣諸島返還は施政権のみの返還であり、この日本の認識は、以下のように米国の確約が担保されたものではない。

一九九六年九月一一日、クリントン政権の国務省報道官ニコラス・バーンズは、定例記者ブリーフィングにおいて、日米安保条約は「尖閣諸島を適用範囲」としており米国は紛争時、日本を共同防衛する義務があるとする議会報告書についてのコメントを求められた。その際、日米安保が適用されるかどうかは仮定の問題だから答えられないとし、島の「領有権」の問題は関係当事者が平和的に解決するように米国は促してきた。手元に安保条約の条文がなく引用できないと答えている。

クリントン政権のウォールター・モンデール駐日大使も、『ニューヨーク・タイムズ』（一九九六年九月一六日付、ニコラス・クリストフ記者）で、米軍は尖閣諸島をめぐる紛争に「介入」することを、日米安保条約によって強制されるものではないと述べた（下線部分）。

Some Japanese officials say the United States would be obliged to use its military force to protect the Japanese claims to the islands, because of the Japan-American security treaty. But Ambassador Walter F. Mondale has noted that the United States takes no position on who owns the islands and has said American forces would not be compelled by the treaty to intervene in a dispute over them. By NICHOLAS D. KRISTOF

国務省の報道官も、翌月の会見で「仮定の質問には答えられない」と尖閣への安保条約適用を明言しなかったが、その後、国防総省が日米安保条約は尖閣諸島にも適用される方針を確認した。当時、国防次官補代理だったカート・キャンベルは「最初に言ったのは自分だったが、法律の専門家たちとの間で大変だった」と話し、政府内で抵抗があったことを示唆していた。

一九九六年九月二三日には、国務省副報道官グリーン・デービスが「尖閣問題の当事国がそれぞれの主張の相違を平和的に解決することを期待する。（中略）アメリカからすれば、この問題に感情的な部分が多分にあることは理解できるが、これは舌戦を超える段階までエスカレートさせるに値する種類の争点ではない。以上が、尖閣問題に関するわれわれの立場である」と述べている。

一〇月二〇日の『ニューヨーク・タイムズ』でも、モンデール駐日大使の発言が報道されている（下線部分）。

Ambassador Walter F. Mondale suggested what is common sense that ① seizure of the islands would not automatically set off the security treaty and force American military intervention. In another interview early this year, ② he expertly dodged the question but made an analogy to Taiwan, where the American policy is that the United States has no obligation to respond to a Chinese attack -- but that it might anyway. …… By NICHOLAS D. KRISTOF

和訳：①尖閣諸島が占拠されれば、安保条約が自動的に発動され米軍が介入を強いられるというものではない。今年初めの別のインタビューでは、②彼は巧みに質問をかわしつつ台湾を類似例として持ち出し、台湾においてアメリカは中国の攻撃に対応するいかなる義務も負わないが、いずれにせよ対応することになろう、それがアメリカの政策だと述べた。

筆者は、仮に中国と日本の間で尖閣諸島での「領有権」争いにより紛争が起きた場合、それを領有権争いとする立場を米国がとれば、米国は尖閣諸島へ軍を派遣しなくてもよいことになる（後述第３章７の米国務省サキ報道官の発言を参照）。また、軍を派遣するにしても、米国議会で中国脅威論が蔓延していれば議会の承認が容易になり、尖閣諸島への軍の派遣はあり得るということになる。また、それは米国議会での中国のロビー活動の影響も大きく作用する。

続いて、尖閣諸島の安全保障についてのオバマ大統領のレトリックを検証する。

二〇〇四年三月二四日、ジョージ・Ｗ・ブッシュ政権の国務省副報道官アダム・エアリーは、①尖閣諸島は一九七二年の沖縄の施政権返還以来、日本の施政下にある。②日米安保条約第五条は、日本の施政下にある領域に適用されると明記している。③したがって、「安保条約は尖閣諸島に適用される」と米国の立場を示し、尖閣諸島政策を明確にしている。

③についてはマニュアルが変更されていた。「安保条約は尖閣諸島に適用されるのですか」と聞かれてから「そうです」と答えることと変更され、報道官側から「安保条約は尖閣諸島に適用される」とは言わないようにということになった。これは、日本からみると「日米安保」の一歩後退といえる（『仮面の日米同盟―米外交文書が明かす真実』）。

また、二〇一〇年一〇月二七日、オバマ政権下のヒラリー・クリントン国務長官も、ハワイで前原誠司外相と同席した記者会見で、尖閣諸島は日米安全保障条約第五条の適用対象だと述べている。

二〇一二年一一月二九日、米上院は本会議で、中国が領有権を主張する尖閣諸島について、日本の施政権下にあることを認め、「(米国の対日防衛義務を定めた)日米安保条約第五条に基づく責任を再確認する」と宣言する条項を、審議中の二〇一三会計年度、国防権限法案に追加する修正案を全会一致で可決した。国防権限法は国防予算の大枠を定めるもので、領土をめぐる他国同士の争いに関して米国の立場を明記するのは異例であった。

しかし、二〇一三年八月に来日した共和党の重鎮マケインの「日本の主権は明確だ」という発言に対して、八月二二日、米国務省のサキ報道官は、尖閣諸島の主権については日本と中国のどちら側にも立たないと述べた。一九七一年の沖縄返還協定から米国はこの方針を崩していないと言える。

二〇一四年四月二四日のオバマ大統領と安倍首相の日米首脳会談後の共同記者会見で、オバマは、日本の安全保障に関する米国の条約上の義務に疑問の余地はなく、日米安全保障条約第五条は尖閣諸島を含む日本の施政下にあるすべての領域に適用されると発言している。またオバマは、「日米安保条約に基づく尖閣諸島の防衛義務、これは大統領としては、初めての言及になりますが」との朝日新聞益満記者の質問に答えて、「米国の立場は新しいものではありません。ヘーゲル国防長官が来日したときにも、ケリー国務長官が来日したときにも、二人とも米国の一貫した立場を示しました(二〇一四年四月六日、ヘーゲル国防長官は、小野寺五典防衛大臣との会談で、尖閣諸島は日本の施政権下にあり、日米安全保障条約の適用対象に含まれると明言）。米国は、尖閣諸島の領有権に関する最終的な決定については、特定の立場を取っていませんが、尖閣諸島は歴史的に日本の施政下にあり、それが一方的に変更されることがあってはならないと確信しています。そして日米同盟で一貫しているのは、安保条約が日本の施政下にあるすべての領域に適用されるという点です。これはずっと一貫しており、新しい立場ではありません」と発言した。

また、ＣＮＮのジム・アコスタの「中国が尖閣諸島に何らかの軍事侵攻を行った場合、米国が尖閣諸島を守るために軍事力の行使を考慮する、ということですか」という質問にオバマ大統領は、「日米安保条約の締結は、私が生まれる前なのですから私がレッドラインを設定しているわけでないことは明らかです。日米同盟の条項について歴代政権が標準としてきた解釈であり、日本の施政下にある領域は条約の対象とされています。米国の立場は変わっていません。レッドラインも引かれていません。米国は条約を適用しているだけです」と条約の適用の範囲と答えた（「オバマ大統領と安倍首相の日米首脳会談後の共同記者会見」二〇一四年四月二四日）。

米国は一貫して「適用」という語彙を使用しているが、既に述べてきたように、それは担保されているとは言えない。つまり、中国と日本の間の領有権の争いという立場を米国がとれば、一貫して〝中立〟の立場なので、尖閣諸島へ米軍を派遣する必要はないということになる。『ニューヨーク・タイムズ』（一九九六年九月一六日付）でのモンデール駐日大使の発言（第３章４参照）でも分かるように、日米安全保障条約第五条が尖閣に適用されるかは不確実だといえる。

また加藤朗は、米国が尖閣問題に関与したくなければ、日米安保条約の「武力攻撃」の解釈をグレーゾーン事態と米国が判断すれば、安保条約は発動されないとしている。米国が「武力攻撃」の認定をしない場合として考えられるのは、中国が非国家主体（偽装難民、民間武装船団）を使って尖閣へ上陸した場合などである。さらに中国が上陸後、ラオス、パキスタンや親中の国々へ、尖閣の占拠を奪還であるとアピールした場合、国際社会は中国へなびく可能性がある。つまり、その時は日米安全保障条約第五条の適用はないということになる。つまり、米国が国際社会の流れに逆らってまで、日本側に動いてくれるという保証はないということである。

5　米国の本音

尖閣諸島を巡る安全保障への懸念について。

ダートマス大学准教授ジェニファー・リンドは、論文「日米同盟の古くて新しい試金石―中国の脅威をいかに抑え込むか」の中で、日本は同盟関係における役割を強化することを米国から常に求められ、朝鮮戦争・ベトナム戦争・湾岸戦争では、米国の軍事行動への後方支援や貢献を求められたが、現在、日本と中国の戦争に巻き込まれるリスクを心配しているのは米国であるとしている。

リンドは二〇一四年三月、尖閣諸島をめぐる緊張の高まりの中、朝日新聞紙上で多くの専門家たちが「日本の同盟国、米国は頼りにできるのか」という懸念を示すようになったと指摘した。それに対して同年四月、オバマ大統領は、尖閣諸島は米国の対日防衛義務を定めた「日米安全保障条約第五条」が「適用される」と明言した。読売新聞は、オバマから「中国が尖閣諸島へ軍事行動に出た場合、米軍を出動させる義務がある」との趣旨の回答を得たことを伝えた。

筆者は「同盟国を守る」という米国の約束が東アジアの安全保障を支えていることは事実であるが、「日本が管轄する地域を防衛する」という米国の表明は決して領土問題を解決することではなく、日本が直面する問題には対処できないと考えている。

日本は、中国の尖閣への領空・領海の侵犯は主権の問題と捉えており、尖閣諸島問題はあくまでも日本の領土問題であるとしている。しかし米国は、尖閣の領土主権については、沖縄返還から二〇一四年のオバマ発言まで一貫して「中立」の態度を守っている。日中間に横たわる厄介な問題（領土問題）を避けたいのが米国の本音なのである。

このように、日米の捉え方が違っている状況において、日本は本当に米国の軍事力を頼りに尖閣諸島問題を進めてよいのだろうか。米国の最優先事項に尖閣諸島問題が入っているわけではない。米国の外交に常時、左右され続けている中で、日本の尖閣諸島に対しての方針は曲がり角に来ているのではないか。

リンドも、遠い東アジアの領有権問題がヒートアップしていくにつれて、米国は地域紛争に巻き込まれることを避けたいのが本音だと述べている。筆者は、また米国が日米安保条約に基づいて尖閣諸島への米軍の出兵には、米国憲法に定められた議会の承認手続きが必要であることも考慮しなければならないと考えている。つまり、連邦議会が開戦の是非を判断して宣戦を行い、それを受けて大統領が最高司令官として軍を指揮するのだ。しかし奇襲対処のための「防御的」な軍の使用は議会の宣戦を待たず大統領の判断で可能とされている。

政治学者で民主党政権で政府高官を務めたジョセフ・S・ナイ・ジュニアは、アジアの安定の是非を左右する三本の足（Three legs）という表現で、米・日・中の三か国が、プラス・サムの友好・協力関係を築けるかどうかということが、二一世紀のアジア、ひいては世界の動向にも影響を与えるという長期的な見方をしている。

またナイは、安保条約とそれを担保する「在日米軍人質論」を唱えている。それは、「核の傘」をはじめとする米国が日本に提供している「抑止力」の中に、四万人を超える駐留米軍の存在があるというものだ。安保条約とそれを担保する在日米軍が「人質」となり、その双方がかみ合って米国が日本に提供する拡大抑止力は最大の効果を発揮すると述べている。

ナイと軍経験者で政治家であるリチャード・Ｌ・アーミテージは、以前から日本政府へ憲法解釈による集団的自衛権の実施を提言しており、その後、安倍政権は憲法九条の解釈変更により、二〇一五年九月一九日に平和安保関連法案（自衛隊法や国際平和協力法等一〇法案の一部改正を束ねた「我が国及び国際社会の平和及び安全の確保に資するための自衛隊法等の一部を改正する法律［平和安全法制整備法］」と新規規定の「国際平和共同対処自体に際して我が国が実施する諸外国の軍隊等に対する協力支援活動等に関する法律（国際平和支援法）」の二法案を成立させた。

筆者は、ナイの洞察は的を射ていると思うが、同時に彼は日本政府へ集団的自衛権の実施を求めている。二〇一七年二月三日に、マティス米国防長官は「尖閣諸島は日本の施政の下にある領域であり、安保条約五条の適用範囲だ」と明言し、「米国は、尖閣に対する日本の施政を損なおうとするいかなる一方的な行動にも反対する」と表明した。そして、尖閣問題についてトランプ大統領の政策顧問ピーター・ナヴァロは、今後、数十年の間に日本が戦争の引き金あるいは火種となる危険度は、アジア地域に対する米国の熱意と決意の度合い次第であるとしており、米国のこれからのアジアへの関与の継続の必要性を述べている。

筆者は、日本にとって過剰な安全保障戦略は中国の反日感情を煽るだけであり、中国の対日本への軍事戦略を強めることになる。それは、結果として日本の安全保障の向上を担保するものとはならないと考えている。確かなことは、日本の安全保障は米国の外交戦略に、常時、大きく揺さぶられていることだけである。

むすび

日本は、海を隔てて中国・米国ともに隣国関係にある。言うまでもなく、中国との歴史的関係は非常に大きく深い。また、米国との関係も黒船来航から始まり、現在まで日本は常に大きな影響を受け続けている。米国とは太平洋戦争では敵味方となって戦ったが、戦後、占領下の日本再建と安全保障を巡って両国は実質的な協力関係を結んできた。「沖縄返還」は、ニクソン大統領任期中に繊維輸出規制要求の見返りとして実施されたが、日本国民の間では米国の日本に対する友情と配慮から生まれたものだと記憶されている。

また、日中間には尖閣諸島問題という大きな障壁が横たわっており、日中の領有権主張は平行線をたどっている。歴史資料などをもとにした両国の主張と批判を検討してみると、双方とも自国の都合に合わせて解釈していると言わざるをえない。

日本の主張は、その根拠が変化しており、「米国からの返還故に日本の領土である」という主張はそのロジック自体に脆弱性がある。加えて日本政府の「棚上げ合意」否定の主張は、その根拠を挙証することはできない。日中双方で一度「棚上げ」とされ沈静化したと考えられていたものが、当時の石原慎太郎東京都知事の尖閣諸島の買い上げという話から、偏狭なナショナリズムが国内に蔓延してしまった。そして野田政権下での「日本の国有化」により、日中の領土問題として、互いに譲歩不可能な緊迫した状態で再浮上してきた。

尖閣諸島を巡る日本政府の姿勢と行動は、中国側の態度を極度に硬化させたことは間違いなく、もはや中国側の譲歩や妥協を得ることは不可能と言える。ましてや、尖閣諸島のように安全保障問題や双方の国益に直接リンクする領土問題の解決は非常に難しく、係争地として永く残る可能性が大きい。しかし、硬直状態が長期にわたって続く場合には、係争地を取り囲むパワーバランスの変化、さらには中国の内政（権力闘争）により状況が変化する可能性はある。そこでは、米中関係が非常に大きな比重を占めることになるであろう。

本文で検証したように、日本の尖閣諸島への領有権主張の根拠は変化した。日本政府は国際法を根拠に、清国の支配が及んでいない「無主地」であることを確認の上で一八九五年に正式に日本の領土に編入したと主張してきた。しかし、日本政府はニクソン大統領の領有権と施政権の分離決定（一九七一年六月）後の一九七二年三月二一日に、外務省の高島益次郎条約局長が、筆者が考えるところの近代国際法〈無主地先占の法理〉を用いての尖閣諸島の領有権を主張し、さらに現代国際法とも言える国際司法裁判所の判例を用いた〈先占の法理〉を基に領有権を主張し始めた。それ以前は、一九七〇年八月一〇日の愛知揆一外相の国会答弁があり、八月三一日には琉球政府立法院が公に尖閣諸島の「領有権」を主張していた。また九月一七日に琉球政府は「尖閣諸島の領土権について」という声明を発表、その中で尖閣諸島の領有権の根拠を閣議決定、〈無主地先占の法理〉であるとしていた（琉球立法院事務局「会議録」）。そして、翌年の一九七一年一一月一二日、佐藤内閣が「尖閣諸島が日本国の領土であることの根拠」の答弁書を閣議決定した。これらはいずれも〈無主地先占の法理〉を用いた閣議決定（一八九五年一月）を理由としたものだった。

中国側は、一九七一年一二月三〇日に中華人民共和国外交部が尖閣諸島の領有権に関する声明を出していた（第1章9参照）。台湾側では、蔣介石が自身の日記（一九七〇年八月一六日付）で、尖閣群島は放棄したことはないと書き記し、そして八月二〇日の『台湾新生報』の社論の中で、日本の「尖閣諸島は沖縄諸島の一部である」という主張に異議を表明した（第2章4参照）。

日本政府は、沖縄返還交渉時の米国からの施政権の返還を領有権の根拠としているが、日本政府は、米国がサンフランシスコ平和条約以降、日本に認めていた尖閣諸島の残存主権から領有権を分離し、施政権だけを日本へ返還したことを、恣意的に自国民へ周知していない。これは外務省ホームページの「尖閣諸島情勢に関するQ＆A」を見れば明らかである。

そもそも、米国は敗戦国日本との間に、米国を唯一の施政権者と認めさせた「対日平和七原則」（巻末資料1参照）を結び、それに基づいた米国の排他的信託統治は、米軍事基地を琉球諸島に保持するためのものであった（一九五〇年一月に、スチムソン国務長官が日本に軍事基地を保有する方針の声明を出していた）。これは一九四一年八月の大西洋憲章や一九四三年一一月のカイロ会談での領土不拡大宣言（「同盟国は自国のために何らかの利得を欲求するものにあらず、また、領土拡張の何らかの念をも有するものにあらず」）に抵触する。

琉球だけに言及すると、カイロ宣言（同盟国の目的は、一九一四年の第一次世界大戦の開始以後に日本国が奪取し又は占領した太平洋におけるすべての島を日本国から剥奪すること、並びに満州、台湾及び澎湖島のような日本国が清国人から盗取したすべての地域を中華民国に返還することにある）に照らせば、米国や連合国が、日本の旧植民地に対しての「分離」や「返還」を求めるのは当然であるが、第一次世界大戦以前から日本の領土であった琉球（一八七二年琉球処分）を信託統治制度の下に置いたことには整合性がなかった。また、第一次世界大戦時は、日本は連合国側であり、日本の国連加盟（一九五六年）以後も、引き続き米国が琉球を信託統治下に置いたことは、明らかに主権平等の原則（国連は、すべての加盟国の主権平等の原則に基礎をおいている）の概念から外れるものであった。また沖縄返還交渉時、国連の信託統治制度による尖閣諸島の施政権を行使していた米国が、他の連合諸国との協議なしに、日本の尖閣への地位を独断で変更（領有権と施政権を分離する）する権限はなかった。以上の事柄は、国際連合憲章の第一二章「国連信託統治制度」、並びに第一三章「信託統治理事会」第八九条には「信託統治理事会の決定は、出席し且つ投票する理事国の過半数によって行われる」とあり、同じく第一三章第九〇条2には「信託統治理事会は、その規則に従って必要があるときに会合する」となっており、いずれも表決手続に違反する。

また、台湾の蔣経国は沖縄返還協定の調印に際して、尖閣の最終的地位は全ての関係国によって決定されるべきであると米国に言明するように要求していた。米国の外交方針を知るうえで、カイロ宣言において日本が台湾及び澎湖島を植民地にした一八九五年の下関条約以後ではなく、期限を第一次世界大戦（一九一四年）以後としたのは、一八九八年の米国によるハワイ併合、一九〇二年のフィリピン植民地支配が確定した後であったことにも留意すべきであろう。

日本政府が、日本の領有権を認めていない米国の関わりを領有権の根拠に掲げていること自体、論理的に矛盾していると言わざるをえない。

また、国際法を用いての尖閣諸島の領有権の主張となると、日中互いの理解を得ることは非常に困難と言える。何故ならば、日中共に他の懸案（国連海洋法条約、安全保障問題）を抱えており、それらと尖閣諸島問題を切り離すことはできないうえ、両政府とも国内向けに国家主権（本質的に「独立権」や「領有権」と同じ意味であり、国家がその権力の行使に関して、他の権力に従属しないことである）を前面に押し出し、それを絶対的なものと主張するしか方法はないからである。また、国際法に焦点を当ててみると、それ自体に疑問を呈している学者も多い。[*1]

その一人である井上清は、日本の領有権の根拠でもある〈無主地先占の法理〉論に対して、強国が他国・他民族の領土を略奪するために生み出したもので、それが今日の国際法の基であるとし、それを否定している。

それでは、「実効支配」はどうであろうか。実効支配というと、すぐに思い浮かべるのは日本の実効支配下にある尖閣諸島、韓国実効支配の竹島、二〇一四年にロシアが軍事力によりウクライナから編入したクリミアなどがある。奥原敏雄は、一九〇四年のギアナ境界事件や一九三一年のクリッパートン島事件の判例から、〈先占〉は「国家による実効的、連続的占有」によるとしている。また、外務省「尖閣諸島に関するQ＆A」の中でも、「尖閣諸島が日本固有の領土であることは歴史的にも国際法上も明らかであり、現に我が国はこれを有効に支配しています」と、実効支配を尖閣諸島の〈領土権原〉の理由の一つにしている。しかし、「実効支配」は、係争国の軍事力の強弱に影響されるはずである。この点で〈先占の法理〉は、果たして衡平であるのか甚だ疑問である。

加藤朗は「現在においては、国際法の領有に関する条件そのものが近代概念に立脚しているが故に、近代の主権概念に基づいて近代以前の領土問題を議論することは原理的に不可能である」「中国側の主張で問題になるのは、近代主権国民国家成立以前の明朝や清朝の封建帝国時代の帝国の辺境（frontier）概念を近代主権国家の成立要件の一つである国境（border）概念で読み替えていることである。封建帝国には不変的国境線はない。支配力の及ぶ範囲が帝国の領域であり、したがって支配力の強弱に応じて辺境も伸縮する」と、国際法を用いての尖閣諸島問題解決の難しさを指摘している。特に東アジアでは、歴史の発展過程、民族、言語、政治、経済、宗教、イデオロギー等で、ヨーロッパ諸国に比べ共通性が少なく国際紛争解決の制度が未発達である（古代ギリシアでは、紀元前六〇〇年頃には裁判による解決が義務化しており、英・米・欧州では一七九四年以降、一九世紀にかけて仲裁裁判に付託することが一般政策化している）。故に、これらの国々は、司法的解決を軽視し主権の名において国際法の妥当性を否定する傾向がある。

現在、東シナ海では日中境界は画定出来ていない。中国は、「沿岸国の領土自然延長の原則」をもとに、大陸棚の境界を画定することを主張している。それに対して、日本は「中間線」を主張している。中国側は大陸棚の自然延長などの東シナ海の特性を踏まえて境界画定を行うべきで、中国の大陸棚は、南西諸島西側に広がる沖縄トラフまで続いていると主張している。王毅外相は駐日大使時に、「長い海岸線を持つ中国に対し、日本は島が鎖のようにつながっている。このような地理的特徴から見ても、中間線を両国の境界とするのは、衡平原則に合わない」、「配分される大陸棚の大きさは、それぞれの国の海岸線の長さに比例すべき」との見解を示していた。

また、日本の「中間線」主張について、濱川今日子は、「東シナ海の資源開発問題にからみ、東シナ海の日中境界画定交渉が続けられている。日本が、日中中間線を境界として主張する一方、中国は沖縄トラフまで自国の大陸棚が続いているとする。この点、国連海洋法条約は具体的な境界画定基準を設けていない。国際裁判では、境界画定は関連事情を考慮して衡平原則に従って行うべきである、と判断されることが一般的である」としている。濱川の言う国際裁判とは北海大陸棚事件のことをさしていると推測される。

北海大陸棚事件とは西ドイツ、デンマーク、オランダによる大陸棚の境界紛争である。初めはノルウェーと英国が中間線で境界線を設定、その後、英国とデンマーク間、英国とオランダ間、ノルウェーとデンマーク間などで、大陸棚境界線を中間線とする二国間条約が締結されていったが、北海海岸が隣接する西ドイツ、デンマーク、オランダの三国間では合意に至らなかった。西ドイツの海岸線は北海に向かって凹になっているので、不満が出たからであった。

一九六九年、国際司法裁判所は「等距離原則」ではなく「衡平原則」(国際法上定義できない部分を、現実的、実質的観点からアプローチする原則)によりドイツの大陸棚を等距離原則より広く取った判決を下した。つまり、当事者が合意できれば、等距離とか中間線などが必ずしも大陸棚の境界線ではなく、「衡平原則」は「その海域によって違ってくる」ということを示したのだ。この判決については支持・不支持の国々が激しく対立したが、妥協の結果、等距離原則にも衡平原則にも言及しない、「衡平な解決を達成するために、国際司法裁判所規程第三八条に規定する国際法に基づいて合意により行う」という内容が、条文（第七四条、第八三条）に盛り込まれた。

以上のような状況から、国際法の下において尖閣諸島問題が日中共通の理解に到達することは不可能に近い。これからも日中間で合意が形成されなければ、尖閣諸島の帰属は「実効支配」によって決定されるしかない。現状では日本が実効支配しているわけだが、中国がそれを不当として、かつ外交交渉による国境変更が不可能と判断した場合、武力による国境変更に出る可能性がある。しかし、そこに日米安全保障条約の壁が高く立ちはだかる。尖閣諸島問題の場合、サンフランシスコ平和条約締結時に台湾・中国などの当事者が参加していないため、尖閣の地位についての不明確な部分が残されたことも大きな原因となっている。

第2章、第3章で述べたように、サンフランシスコ平和条約以後の歴代米国大統領（ルーズベルト、トルーマン、アイゼンハワー、ケネディー、ジョンソンまで）は、琉球・大東諸島を含む南西諸島に対する日本の残存主権を認めていた。特に、ケネディー大統領は尖閣諸島に言及し、日本の残存主権を確認していた（第2章2参照）。

一九六九年のＥＣＡＦＥ（国連アジア極東経済委員会）の尖閣諸島海底資源の調査結果発表以後、尖閣諸島問題は経済的国益に絡む緊急の重要課題として、日中台の間で急浮上してきた。この時期、ニクソンとキッシンジャーは尖閣諸島問題を認識していなかった。キッシンジャーは、一九七一年三月、台湾からの「尖閣口上書」に驚き、同年七月の北京秘密訪問への悪影響を懸念した。また、蔣経国は米国に対し、日本への尖閣諸島返還は最終的地位の決定ではないことを明言するよう要求した（第2章9参照）。故に、ニクソン政権は、日本への尖閣諸島返還は施政権のみの返還であり領有権ではないことを内外へ言明した。それは、台湾の尖閣諸島領有の潜在請求権を損なうものではないことを強調したものだった。これらは、米国主導の沖縄返還を進めるためであった。

本文で述べたように、ニクソンが行った施政権のみの返還理由について、これまでの研究者たちの立てた仮説（米国の日中間での「中立」説、ニクソンの「窮余の一策」説、「中国への手土産」説、「将来において、日中の間に楔を打ったため」説）は、資料に乏しく決定的なものではなかったと言える。しかし最近になって、米国立公文書館、ニクソン大統領図書館などに大量に保管されていた米政府文書や、ニクソン政権高官の会話記録を入手して分析した「米機密文書」の公開、そして尖閣の領有権と施政権の分離案を発案したチャールズ・シュミッツの名が春名幹男によって明確にされたことにより、より信憑性のある仮説を立てることが可能となった。

また、かつては繊維交渉問題もこの要因ではないかと言われていたが、筆者が知る限り現在このことを唱える学者は皆無である。しかし筆者は、石井修の論文「第二次日米繊維紛争（一九六九年―一九七一年）―迷走の一〇〇〇日」からニクソンの選挙事情を分析、そこから繊維交渉問題が尖閣諸島の「施政権のみの返還」に大きく影響したことを知るに及んだ。並びに、ハンス・モーゲンソーの「過去の歴史は政治家の性格に大きく左右されていた」（『国際政治1』）という一節からニクソンの性格に着目し以下の仮説にたどり着いた。

現状の複雑な尖閣諸島問題の一因は、ニクソン政権下での繊維交渉問題であり、そこでのニクソンの稀に見る偏執的な性格と佐藤栄作への「怒り」が、ニクソン個人の復讐劇へと転化したことである。これについては、外務省が二〇一四年七月二四日に公開した外交文書に、ニクソンが佐藤栄作を強く非難する異例の書簡を送っていたことや、一連のニクソンショックからも証明できる。ニクソンはインディアナ大学歴史学教授ジョーン・ホフに「新経済政策（日本円の強制的切り上げ要求、輸入課徴金、賃金・物価の九〇日間凍結実施）は、日本に厳しく対応する狙いがあった」と語っている。

ニクソンが抱いた佐藤への個人的憎悪のために、尖閣諸島の領有権問題は形を変えて放置されたのである。それは、日本の残存主権を肯定する方針から領有権については触れない「中立政策」、要するに施政権のみの返還へと変更された。またその決定は、沖縄返還協定調印式のわずか一〇日ほど前に行われた。佐藤の「繊維輸出制限（密約）」の不履行という行為は、大国の指導者のプライドを傷つけただけでなく、ニクソンにとって米国の繊維業界の支持は二期目の大統領選に不可欠なものであり、政治家としての生命線であったからである。一方、佐藤にとっては沖縄返還の実現だけが最大の目標であった。それ故、佐藤はニクソンとの繊維交渉を甘く見過ぎていた。そのことは、佐藤栄作だけでなく若泉敬も、ニクソンにとっての繊維問題の重大な政治的意味を認識していなかったと自著に記している。また、繊維交渉におけるニクソンとの密約を履行する力量もなかった。それは、一九六九年五月九日、衆議院で米国の繊維輸入制限に反対する決議が与野党一致で採決されていたということで証明される。

ニクソンの一九六八年大統領選での公約は、ベトナム戦争からの「名誉ある撤退」と「繊維産業界の景気回復」であった。ベトナム戦争からの撤退には、中国との国交正常化と沖縄の米軍基地の保持が必要であり、また、繊維産業界との選挙公約履行のためには、日本から米国への繊維輸出制限は必須であった。そこに佐藤の「密約」の不履行があった。それが発端となり、ニクソンの佐藤への報復と言える領有権を分離した施政権のみの返還となった。また、筆者の推測ではあるが、当時ニクソンは、主案（日本へ施政権のみを渡す）と副案（台湾へ尖閣の領有権を渡す）を持っていたが、蔣経国からの繊維交渉妥協極秘提案が、キッシンジャーによって「不明確」と報告されたため（第3章3参照）、副案は不採用となったと考えている。筆者はまた、一九七〇年九月一〇日の米国務省マクロフスキー報道官の尖閣諸島への領有権での「中立政策」（第2章1参照）は一九七一年のニクソンの「中立政策」とは違うものだと確信した。

日本政府は、ニクソンの決定から、このような状況（日本の立場から見ると、米国は日本から尖閣諸島の主権を奪ったことになる）下に置かれ、尖閣諸島での植民地支配を正当化する近代国際法の〈無主地先占の法理〉以外の領有権の根拠を早急に探す必要に迫られた。しかし、奥原敏雄の研究発表（第2章9参照）までは、国会答弁では「領有」の根拠を明示できなかった。

政府の発言としては、一九七二年に高島益郎条約局長が「尖閣諸島の領有」の根拠を、初めて現代の国際法とも言える判例を用いた〈先占の法理〉論を使用した。

このように日本は、敗戦から現在まで米国の国益中心の外交に振り回され続けている。二〇三〇年頃には、中国のＧＤＰは相対的に米国と近くなる。もし、米国が中国と何らかの「取引」を行わなければならない状況になった場合、米国が日本の肩を持つかどうか、微妙な問題になってくる。米国は、米中間の「取引」を成功させるために妥協という道を選ぶのは必至である。米国にとって日中の尖閣諸島問題は死活問題ではないからだ。外交とは、所詮、ギブ・アンド・テイクの取引による妥協であるが、日本の尖閣国有化で日中関係がギクシャクしている状況下で、日本ができることは、米軍基地の存続と、より一層の従属となる。

米国は、中国軍が尖閣諸島へ上陸した時に安保条約第五条を適用するだろうか、それとも日中間の問題として中立の立場をとるだろうか。この点について加藤朗は、米国を確実に尖閣防衛にコミットさせるには、尖閣防衛が米国にとっての核心的利益となることを納得させる必要があると提起している。そもそも、在日米軍は日本本土を防衛するために日本に駐留しているわけではなく、韓国、台湾、東南アジアの戦略的防衛のために駐留していると春名幹男は分析している。それはジョンソン国務次官も言及していた。旧日米安保条約作成の米国側責任者ダレスは、一九五二年の『フォーリン・アフェアーズ』に掲載された論文（「太平洋の安全保障と日米関係」）で、「日本国内の駐留米軍は、『日本政府による明示的な要請』が行われた場合、こうした間接的な侵略に対抗するための援助を行う権利をもっているが、それは必ずしも義務的なものではない」と記していた。尖閣諸島の防衛も米国次第というのが今の現状である。

二一世紀における尖閣諸島問題は、中米の相対的な力関係が拮抗し、一層複雑化するであろう。近年、日本には「中国脅威論」が蔓延しているが、中国の軍事増強は、北方にロシア、東に米国と軍事同盟を結ぶ日本・韓国が、南にはインドやベトナムが位置している地勢では当然と言える。アヘン戦争以降、列強や日本に国土を蝕まれ続けた歴史を持つ中国は、主権の問題には敏感にならざるを得ない。現在、世界第二位の経済大国である中国が、その経済力を軍事力に転化するのは自然であると言える。

尖閣諸島の防衛問題に焦点を合わせて述べると、中国が米国と肩を並べる前に、日本政府は、早急に尖閣諸島を「国有化」以前の状態に戻し、日中合意である「棚上げ合意」を認め、また、日中間に尖閣諸島問題が存在することを認めるべきであると提起する。尖閣諸島問題は、日本にとっての最重要事項であるが、米国には優先順位の高いものではない。二〇一五年四月二八日に承認された日米安全保障協議委員会（2＋2）での新ガイドラインの中でも、米国は尖閣諸島での有事に対して、米軍の投入を控えたいとの意志をその文中へ入れている。しかし、それは翻訳段階で日本政府によって恣意的に消されていると春名幹男は指摘している。

「米軍は、自衛隊を支援し及び補完するため、打撃力の使用を伴う作戦を実施することができる」となっているが、原文では、“The united States Armed Forces may conduct operations involving the use of strike power……”この英文中での may は、「かもしれない、可能性がある」という意味であり、「できる」という意味ではない。

このように、日米の尖閣諸島問題認識が違っている状況では、日本は米国との同盟だけに頼るのは不安である。筆者は、日本の尖閣諸島に対しての方針はもはや曲がり角に来ていると考える。将来において、日本は「他国の軍事に頼らない安全保障」、真の〝主権国家〟を目指すべきであり、平和創造のあり方を考える時期に来ているのではないか。未来永劫、外国の軍隊を頼りに安全保障を考えるべきではないと提起する。ジェニファー・リンドが述べているように、米国は地域紛争に巻き込まれることを避けたいのが本音である。米国世論も、直接国益に関係しないアジアの片隅での領有権争いに関心はない。

二〇一七年一月に発足したトランプ政権下では、対中強硬派が力を増すだろう。朝鮮半島情勢を見れば、二〇一八年四月二七日に韓国の文在寅大統領と北朝鮮の金正恩朝鮮労働党委員長による南北首脳会談が行われた。その後、六月一二日にシンガポールで米朝会談が行われた。しかし、米国が懸念する北朝鮮の大陸間弾道ミサイル問題や朝鮮半島の非核化は、過去の北朝鮮の動向と照らし合わせると依然として未知数と言っていいだろう。金正恩の三月訪中以後、北朝鮮は中国に歩み寄る姿勢を見せている。よって、北朝鮮の問題解決のためには、米国の中国への譲歩がカギとなる可能性がある。それは、日米安保上での尖閣諸島問題への米国側の対応優先順位が低下することを意味する。

いずれにせよ、米国の大統領としては、自国に被害を及ぼしかねない北朝鮮の核攻撃をくい止めたという評価を得ることを最優先するであろう。米国の外交政策に大きく左右され続けている状況下でも、日本政府は尖閣諸島問題を、日米同盟を軸に対中国との領土問題としか捉えようとしていない。やはり、日本は五十年、百年後を見据えた外交をしていかなければ、真の主権国家となりえないだろう。尖閣諸島については、日中間に領土問題が存在し、「棚上げ」合意を認めることから始めなければ、日中関係の健全な進展はないであろう。先に日米安保ありきの外交姿勢を推し進めるだけでは、これから後、隣国の大国である中国との関係はどうなるのであろうか。

〈註〉

＊1スタンフォード大学のスキエニッキや、ガーナ、セルは「一つの国際法の中に多数の〔主権〕が共存することは論理的に、矛盾である」と指摘し、ドイツのミュンヒは平和共存の前提条件としての主権概念について、両者は同時に認めることは困難だと主張している。近代国際法は、国家がそれぞれ自己を超えた権力に従属しない独立した主権国家であることを基本的な前提としている。モルレは、平和組織を麻痺させ国際法の基礎まで破壊する。ポリティスは、主権は政府のなす様々な勝手な主張にもっともらしい外観を与えることを許している。スキエニツキは、単一国家の主権は、論理的に、他の主権の法的な存在を排除し、一つの国際法体制の中に多数の主権が存在することは論理的に矛盾である。ミンヒュイは、主権概念に対して、両者を同時に完全なかたちで認めることは困難、一方が強化されれば、他方が制限されるとしている。

参考文献（刊行順）

■日本語文献

小田滋『海の国際法』下巻、有斐閣、一九五九年
シオダー・ホワイト『大統領への道』弘文堂、一九六五年
A・ドーク・バーネット（伊藤忠雄・佐藤紀久夫訳）『中国承認への道』時事通信社、一九七一年
井上清『「尖閣」列島―釣魚諸島の史的解明』現代評論社、一九七二年
ブルース・マズリシュ（岩島久夫訳）『ニクソンの精神分析―人格と政治の錯綜』サイマル出版会、一九七三年
朝日新聞外報部『ニクソンの犯罪―テープと大統領の物語』朝日新聞社、一九七四年
アーミン・H・マイヤー（浅尾道子訳）、『東京回想』朝日新聞社、一九七六年
リチャード・ニクソン（松尾文夫他訳）『ニクソン回顧録　第1部　栄光の日々』小学館、一九七八年
高橋庄五郎『尖閣列島ノート』青年出版社、一九七九年
ヘンリー・キッシンジャー（斎藤弥三郎他訳）『キッシンジャー秘録〈第3巻〉北京へ飛ぶ（一九八〇年）』、小学館、一九八〇年
ハンス・モーゲンソー、現代平和研究会『国際政治』1、福村出版、一九八六年
U・アレックス・ジョンソン（増田弘訳）『ジョンソン米大使の日本回想』草思社、一九八九年
東郷文彦『日米外交三〇年』中公文庫、一九八九年
田畑茂二郎『現代国際法の課題』東信堂、一九九一年
島田征夫『国際法』弘文堂、一九九二年

『日中関係基本資料集　一九七〇年―一九九二年』財団法人霞山会、一九九三年
黄任宇（北村稔・永井英美・細井和彦訳）『蒋介石―マクロヒストリー史観から読む蒋介石日記』東方書店、一九九七年
船橋洋一『同盟漂流』岩波書店、一九九七年
児島襄『講和条約　戦後日米関係の起点1』中央公論社、一九九七年
田畑茂二郎・高林秀雄『ベーシック条約集』東信堂、一九九七年
緑間栄『尖閣列島』ひるぎ社、一九九八年
芹田健太郎『島の領有と経済水域の境界画定』有信堂高文社、一九九九年
ウィリアム・バー（鈴木主税・浅岡政子訳）『キッシンジャー〔最高機密〕会話録』毎日新聞社、一九九九年
田畑茂二郎・香西茂・松井芳郎・薬師寺公夫・山手治之・竹本正幸・田中則夫『判例国際法』東信堂、二〇〇〇年
李恩民『転換期の中国・日本と台湾』、御茶の水書房、二〇〇一年
フォーリン・アフェアーズジャパン『フォーリン・アフェアーズ傑作選1922－1999―アメリカとアジアの出会い〈上〉』朝日新聞社、二〇〇一年
毛里和子・毛里興三郎訳『ニクソン訪中機密会談録』名古屋大学出版会、二〇〇一年
張香山『日中関係の管見と見証』三和書籍、二〇〇二年
浦野起央『尖閣諸島・琉球・中国―分析・資料・文献―』、三和書籍、二〇〇二年
石井明・朱建栄・添谷芳秀・林暁光編『記録と考証　日中国交正常化日中平和友好条約締結交渉』岩波書店、二〇〇三年
ヘンリー・R・ナウ（村田晃嗣・石川卓・島村直幸・高橋杉訳）『アメリカの対外関与』有斐閣、二〇〇五年

李恩民『「日中平和友好条約」交渉の政治過程』御茶の水書房、二〇〇五年
柳井俊二『外交激変』朝日新聞社、二〇〇七年
水間正憲『尖閣領有の大嘘』小学館、二〇〇八年
五百旗頭真『日米関係史』有斐閣、二〇〇八年
加藤朗『入門・リアリズム平和学』勁草書房、二〇〇九年
若泉敬『他策ナカリシヲ信ゼムト欲ス』文藝春秋、二〇〇九年
豊田祐基子『「共犯」の同盟史―日米密約と自民党政権』岩波書店、二〇〇九年
金子利喜男『世界の領土・境界紛争と国際裁判』第2版、明石書店、二〇〇九年
栗山尚一『外交証言録　沖縄返還・日中国交正常化・日米「密約」』岩波書店、二〇一〇年
王緝思、ジェラルド・カーティス、国分良成編『日米中トライアングル　三カ国協調への道』岩波書店、二〇一〇年
ジョセフ・S・ナイJr.・リチャード・L・アーミテージ、春原剛『日米同盟vs中国・北朝鮮　アーミテージ・ナイ緊急提言』文藝春秋、二〇一〇年
芹田健太郎『日本の領土』中央公論新社、二〇一〇年
保阪正康『歴史でたどる領土問題の真実』朝日新聞出版、二〇一一年
岡田充『尖閣諸島問題「領土ナショナリズムの魔力」』蒼蒼社、二〇一二年
東郷和彦・保阪正康『日本の領土問題』角川書店、二〇一二年
ヘンリー・A・キッシンジャー（塚越敏彦・松下文男・横山司・岩瀬彰・中川潔訳）『キッシンジャー回想録　中国』（上・下）、岩波書店、二〇一二年
矢吹晋『チャイアメリカ』花伝社、二〇一二年
佐藤考一『「中国脅威論」とASEAN諸国』勁草書房、二〇一二年
豊下楢彦『「尖閣問題」とは何か』岩波書店、二〇一二年

中島敏次郎『外交証言録　日米安保・沖縄返還・天安門事件』岩波書店、二〇一二年
黒田勝弘・辺真一・山本皓一他『日本人が知っておくべき竹島、尖閣の真相』小学館、二〇一二年
林博史『米軍基地の歴史』吉川弘文館、二〇一二年
王雲海・横山宏章『対論！日本と中国の領土問題』集英社、二〇一三年
沈才彬『大研究！中国共産党』角川マガジンズ、二〇一三年
村田忠禧『日中領土問題の起源』花伝社、二〇一三年
矢吹晋『尖閣問題の核心』花伝社、二〇一三年
矢吹晋『尖閣衝突は沖縄返還に始まる』花伝社、二〇一三年
安倍晋三『新しい国へ』文藝春秋、二〇一三年
大嶽英夫『ニクソンとキッシンジャー』中央公論新社、二〇一三年
新崎盛暉・岡田充・高原明生・東郷和彦・茂上敏樹『「領土問題」の論じ方』岩波書店、二〇一三年
柴山太『関西学院大学総合政策学部リサーチプロジェクト講座・日米関係史研究の最前線』関西学院大学出版会、二〇一四年
矢吹晋『敗戦・沖縄・天皇―尖閣衝突の遠景』花伝社、二〇一四年
松井芳郎『国際法学者がよむ尖閣問題―紛争解決への展望を拓く』日本評論社、二〇一四年
ロバート・D・エルドリッヂ（吉田信吾・中島琢磨訳）『尖閣問題の起源』名古屋大学出版会、二〇一五年
齋藤道彦「中華民国の対『琉球』政策と沖縄史概略」『近現代東アジアの文化と政治』中央大学出版部、二〇一五年
ジョセフ・S・ナイ（村井浩紀訳）『アメリカの世紀は終わらない』日本経済新聞出版社、二〇一五年
春名幹男『仮面の日米同盟―米外交文書が明かす真実』文藝春秋、二〇一五年
苫米地真理『尖閣諸島をめぐる「誤解」を解く―国会答弁にみる政府見解の検証』日本僑報社、二〇一

六年
加藤朗『日本の安全保障』筑摩書房、二〇一六年
倪志敏『尖閣諸島（釣魚島）問題はどう論じられてきたか―日中国交正常化・平和友好条約交渉過程の検証』、風雲社、二〇一六年
ピーター・ナヴァロ（赤根洋子訳）『米中もし戦わば―戦争の地政学』文藝春秋、二〇一六年

■中国語文献

菅沼雲龍『中日关系与领土主权』日本僑報社、二〇〇七年
中华人民共和国国务院新闻办公室『钓鱼岛是中国的固有领土』人民出版社、二〇一二年
村田忠禧（韦和平等訳）『日中領土争端的起源』社会科学文献出版社、二〇一三年
国家图书馆中国辺境文献研究中心『钓鱼岛图籍録』国家图书馆出版社、二〇一五年

■雑誌論文

奥原敏雄「尖閣列島の法的地位」『季刊「沖縄」』第五二号、一九七〇年三月
奥原敏雄「尖閣列島問題と井上清論文」『朝日アジアレビュー』一三春季号、一九七三年第一号
奥原敏雄「尖閣列島領有権の根拠」『中央公論』七月号、一九七八年七月
奥原敏雄「領土紛争と国家主権概念」、自主研究報告書『領土紛争に見る国家主権概念の変容』、一九九七年
平松茂雄「中国の事前通報による東シナ海海洋調査活動」『東亜』一〇月号、二〇〇一年一〇月
濱川今日子「東シナ海における日中境界画定問題」『調査と情報』第五四七号、国立国会図書館、二〇〇六年六月
濱川今日子「尖閣諸島の領有をめぐる論点」『調査と情報』第五六五号、国立国会図書館、二〇〇七年

二月
李国強「中国と周辺国家の海上国境問題」『境界研究』一、二〇一〇年
佐藤考一「中国と〈辺疆〉：海洋国境」『境界研究』一、二〇一〇年
石井修「ニクソンの『チャイナ・イニシアチブ』」『一橋法学』第八巻第三号、二〇〇九年一一月
石井修「第二次日米繊維紛争（一九六九年—一九七一年）—迷走の一〇〇〇日」『一橋法学』第九巻第一号、二〇一〇年三月
Richard Lee Armitage, The U.S.-Japan Alliance, Anchoring Stability in Asia, *Center For Strategic & International studies*(CSIS) ,2012.
孫崎亨・中江要介・小林陽太郎・朱建栄・羽根次郎「尖閣問題」『世界』一一月号、岩波書店、二〇一二年
中内康夫「尖閣諸島をめぐる問題と日中関係—日本の領土編入から今日までの経緯と今後の課題」『立法と調査』三三四、参議院事務局企画調整室編集・発行、二〇一二年一一月
加藤朗「尖閣諸島をめぐる日本の対中戦略—新たな東アジア戦略を目指して」『戦略研究』一三、二〇一三年九月
マイケル・グリーン「東シナ海における中国の現状変革路線—同盟関係とアメリカの立場」、『フォーリン・アフェアーズ・リポート』二〇一四年第一号、二〇一四年一月
ミンシン・ペイ「中国は欧米秩序を拒絶する—米中衝突が避けられない理由」『フォーリン・アフェアーズ・リポート』二〇一四年第四号、二〇一四年四月
ジェニファー・リンド「日米同盟の古くて新しい試金石—中国の脅威をいかに抑え込むか」『フォーリン・アフェアーズ・リポート』二〇一四年第八号、二〇一四年八月
尾崎重義「尖閣諸島の法的地位—日本領土への編入経緯とその法的権原について（中）」『島嶼研究ジャーナル』第四巻一号、内外出版、二〇一四年

■インターネット資料

毛利亜樹「法による権力政治の展開：海洋とその上空への中国の進出」日本国際問題研究所「中国外交の問題領域別分析研究会」、同志社大学、二〇一〇年
http://www.jiia.or.jp/column/201006/0-7-mori.html
毛利亜樹「法による権力政治：現代海洋法秩序の展開と中国」日本国際問題研究所「中国外交の問題領域別分析研究会」、同志社大学、二〇一一年
http://www2.jiia.or.jp/pdf/resarch/h22_Chugoku_kenkyukai/all.pdf#search
竹内孝之「南シナ海と尖閣諸島をめぐる馬英九政権の動き」日本貿易振興機構、二〇一二年一〇月
http://www.ide.go.jp/Japanese/Publish/Download/Overseas_report/1210_takeuchi.html.
照屋健吉「尖閣諸島の領有権問題」沖縄テレビ報道部、senkakujapan.nobody.jp 2015
東京大学東洋文化研究所田中明彦研究室　日本政治・国際関係データーベース
http://www.ioc.u-tokyo.ac.jp/~worldjpn/documents
石井望　尖閣四八〇年史　いしゐのぞむブログ　480 years history of Senkakus
http://senkaku.blog.jp/archives/25615860.html
金子利喜男「世界の領土・境界紛争と国際裁判」、二〇〇九年二月一五日
http://akebonokikaku.hp.infoseek.co.jp/page042.html
朝日新聞社　朝日新聞デジタル　digital.asahi.com/info/
時事通信社　時事ドットコム　www.jiji.com/index
PRESIDENT Online　www.president.co.jp/
林泉忠「釣魚台列島問題の形成過程」　https://www.roc-taiwan.org/jp_ja/post/25343.html
丸山眞男「二一世紀の日本と国際社会」

http://www.ne.jp/asahi/nd4m-asi/jiwen/thoughts/2012/485.html
矢吹晋「ニクソン訪中計画こそが尖閣の運命を変えた」第七六号、二〇一三年九月二四日
http://www.21ccs.jp/china_watching/DirectorsWatching_YABUKI/Directors_watching_76.html
内閣官房領土主権対策企画調整室「尖閣諸島に関する資料の委託調査報告書」
https://www.cas.go.jp/jp/ryodo/report/senkaku.html
中华人民共和国外交部「南海问题 周恩来外长关于美英对日和约草案及旧金山会议的声明」
http://www.mfa.gov.cn/nanhai/chn/zcfg/t1367520.htm
William P. Bundy「The Council on Foreign Relations and Foreign Affairs Notes for a History」
https://www.foreignaffairsj.co.jp/about/bundy.php
牛軍（真水康樹 訳）「米中接近、ヴェトナム戦争とニクソン政権の東アジア政策（1969–1973）」
dspace.lib.niigata-u.ac.jp/dspace/bitstream/10191/34034/1/4
相澤英之 http://aizawahideyuki.jp/kiji243.html
日経ビジネス http://business.nikkeibq.co.jp

尖閣諸島問題関連年表

一九四三年一一月二七日　カイロ宣言
一九四五年　七月二六日　ポツダム宣言
一九四六年　一月二七日　「連合軍最高司令官訓令」第五五七号、明示的に尖閣諸島に触れていない
一九五〇年一二月　五日　『人民日報』、サンフランシスコ条約は不法で無効、受け入れないと表明
一九五一年　九月　八日　サンフランシスコ講和会議で、国務長官顧問のジョン・フォスター・ダレスが、米国は沖縄を施政下に置くが、「潜在的な主権」は日本にあるとの立場を示した
　　　　　一〇月一八日　総理大臣吉田茂、衆議院平和条約特別委員会にて、「ダレス、ヤンガー両氏が、小笠原とかあるいは琉球とかいうようなところの主権は日本に残す考えであるということを言われた」と答弁
一九五三年　八月　八日　ダレス国務長官、「奄美群島に関して有する権利を放棄する」と声明
　　　　　一二月二五日　奄美群島、日本に復帰
　　　　　一二月二五日　「米国民政府布告」第二七号、「尖閣諸島」は含まれるとした
一九五四年　二月一五日　水産庁の立川宗保漁政部長、参議院水産委員会での発言で「魚釣島」を「漁釣島」と言い間違えた
　　　　　　三月二六日　伊関佑二郎外務省国際協力局長、参議院大蔵委員会にて、尖閣の認識として、沖縄の南の島としか答弁できなかった
一九五五年　七月二六日　中川融外務省アジア局長、衆議院外務委員会で「琉球の一番南の方の台湾に

近い島、非常に小さな島のようでありますが、その島の領海内で……」と、
「尖閣」とも「魚釣島」とも答えず答弁

一九六一年　　　新野弘の「東中国海および南中国海浅海部の沈積層」論文

一九六二年　三月　「ケネディー命令」尖閣諸島を含めて全沖縄を日本に返還する

一九六七年　六月　エミリー・新野弘「東中国海と朝鮮海峡の海底地質層および石油展望」論文

六月二〇日　衆議院沖縄に関する特別委員会で公明党の渡部一郎が塚原俊郎総理府総務長官に「尖閣群島に先ごろから台湾の人が住みついて」いることを問題視した質問に、沖縄問題の担当大臣、塚原は領有権の問題に触れず、「何ら報告を受けておりません」と答弁

七月一二日　渡部一郎は佐藤栄作首相に尖閣についての質問。佐藤は「沖縄の問題、これはいわゆる施政権がこちらにございませんので、（中略）これはやはり施政権者から話さすのが本筋だ」と答える。これが尖閣諸島に関する最初の首相の国会答弁

一一月　ジョンソン・佐藤栄作共同コミュニケ、小笠原諸島返還合意

一九六八年　四月　小笠原諸島返還協定

七月　日本政府総理府、調査団を尖閣列島に派遣

八月　東郷文彦アメリカ局長、尖閣海域の領海認識

八月　九日　渡部一郎、三度目の尖閣に関する質問。それに対し、東郷文彦外務省米局長は「尖閣列島その他における領海侵犯の問題」と述べ、尖閣諸島周辺の海域が領海だとの認識は示すが、尖閣諸島の帰属については明言せず

一九六九年　一月　米側が提示した繊維輸出自主規制案を再び拒否

一月二〇日　ニクソン政権発足

四月　採掘権を中華民国政府に申請しようとしたガルフ社、米政府に対して問題がないかを確認、試掘区域には尖閣諸島が含まれていた
米政府、尖閣諸島の領有権を巡る問題に初めて直面
四月一五日　東郷文彦米局長は、渡部一郎の「台湾の漁民が出漁しておるだけでなく、最近におきましては漁業根拠地ができている」との質問に「島に標識を立てる、あるいは巡視船を補強するために琉球政府に予算を特に計上する等いろいろ手を尽くしまして、領海侵犯あるいは領土の侵犯のようなことはなくなるように、今日からも努力しております」と答弁、帰属や領有権には言及せず
五月　ECAFEによる尖閣諸島海底資源の調査結果発表
五月　九日　衆議院本会議「米国の繊維品輸入制限に対する抗議決議」採択
六月　国務次官補代理のロバート・バーネット、ガルフ社の幹部に「潜在的な主権は日本にある」と発言
一一月　三日　国家の防衛は当事国が第一義的責任を負うべきであると中立政策を表明（ニクソン・ドクトリン）
一一月一九日　第一回日米首脳会談　事実上の一九七二年の沖縄返還決定
キッシンジャーは、若泉敬へ繊維問題は極めて重要と電話
一一月二一日　佐藤栄作とニクソン共同声明　佐藤栄作、繊維自主規制を「密約」
一二月　米側が提示した自主規制案を拒否

一九七〇年
三月　佐藤栄作の繊維自主規制「密約」反故が明らかになる
四月一三日　「ミルズ法案」提出　ニクソン米国内で繊維業界から圧力受ける
四月一五日　山中貞則総理府総務長官が初めて「尖閣諸島」について答弁
八月　中国石油公司（台湾）米国石油企業四社と共同開発の協定

八月一〇日　愛知揆一外相、尖閣諸島の領土権は日本が持っていると国会答弁
八月一二日　米国駐日大使館のスポークスマンは、尖閣諸島は米政府が返還を決定した日本の琉球群島の一部と述べた
八月三一日　琉球政府立法院、初めて公的に「尖閣諸島の領有」を主張
九月　東郷アメリカ局長「尖閣が琉球の一部であり、返還される琉球に含まれている」との声明をスナイダー駐日公使に求め、拒否される
九月　七日　外務省条約局の山崎敏夫参事官が「領有権に関しましてはまさに議論の余地のない」「明らかにわれわれの領土」と初めて明瞭に答弁
九月一〇日　米国務省マクロフスキー報道官「沖縄は一九七二年に日本への返還」「島嶼に関する異なる主張に関しては紛争にかかわる国家及び地域自身によって解決される」
九月一〇日　沖縄当局、尖閣は行政権の返還により日本の領土宣言
九月一〇日　愛知揆一外相「尖閣諸島の領有権問題」について、領有権の明言
九月一七日　琉球政府声明「尖閣列島の領土権について」を発表、尖閣諸島を初めて「我が国固有の国土」とし、その根拠として、「先占の法理」をあげた
一〇月　七日　山中総理府総務長官は尖閣諸島の「領有」について、「閣議決定（一八九五年）、勅令（一八九六年四月）による石垣島の区画決定による日本の尖閣列島に対する明確なる領土権のもとにおいて」と答弁
一〇月一五日　国務省と在台北、在東京の米国大使館、尖閣に対する日本の領有権を支持
一一月　三日　大統領選中間選挙
一二月　日本は魚釣島に観測所計画を米国に提案、米反対
一二月一六日　外務省条約局課長の中島敏次郎は、日本案通りに返還区域の経度緯度を示し

一九七一年

一二月一六日　て、尖閣が含まれることを明確にすべきだと提案

二月　九日　愛知揆一外相「尖閣諸島の領有権問題」について、領有権の明言

三月　八日　マイヤー駐日大使、ロジャース国務長官に電報、繊維問題の解決能力を欠く佐藤政権を「レームダック」と見限る

三月一五日　日本繊維産業連盟が一方的に自主規制、ニクソンこれを拒否

三月一五日　台湾の周書楷駐米大使から米国務次官補マーシャル・グリーンへ「口上書」尖閣諸島は中国の一部だと訴え、日本返還に反対

三月一五日　「南方同胞援護会」尖閣列島研究会、「先占」での領土の編入主張

四月　七日　キッシンジャー、初めて日台の「尖閣諸島問題」を知る

四月　九日　台湾「蒋介石の四箇条」をもって「尖閣諸島の領有」を主張

国務省報道官は会見で「尖閣を含む南西諸島の施政権を来年日本に返還する」と話す

四月一二日　台湾の周書楷駐米大使は、日米が近く締結する沖縄返還協定から尖閣諸島を除外し、当面は米国が統治し続けることを求める

四月一二日　ニクソンとキッシンジャー、初めて日台の「尖閣諸島問題」を知る

五月　六日　スナイダー駐日米公使と吉野文六米局長が尖閣諸島について意見を交わす。その中で、台湾政府関係者に「日本と話し合うことを薦めた」と話す

五月一一日　マイヤー駐日米大使は、愛知揆一外相に「米国としては施政を行っている地域を日本に返還するが、その際歴史的ないし将来の領土の主張の採決を行わず、将来国際司法裁判所に引き出されたりする事態を避けることが基本的立場である旨主張した」

五月一三日　台湾の沈剣虹大使、尖閣に射爆撃場をつくる提案

五月二三日　『ニューヨーク・タイムズ』在米華人社会「尖閣切り離し論」広告　在米華人社会、一九七〇年九月一〇日の国務省スポークスマン、マクロスキー尖閣領有の「中立」の立場表明から「釣魚島」のアピール

六月　蔣介石と蔣経国、ケネディー特使に尖閣諸島を日本へ返還しないなら、繊維交渉で妥協すると極秘提案

六月　七日　08:20ジョンソン国務次官、キッシンジャーへ電話する。台湾の繊維交渉妥協案の確認をするが、ケネディー特使の電報では不明確だったとキッシンジャー返答

10:30ジョンソン国務次官、キッシンジャーからの電話で、尖閣の「施政権のみの返還」を説明

15:20ニクソン、キッシンジャーに電話（尖閣と中国への秘密接近）

15:25〜16:10キャンプ・デイヴィドにて、ニクソン、キッシンジャー、ピーターソン大統領補佐官、尖閣（施政権のみの返還）を含めた沖縄返還決定

ニクソン、キッシンジャーは尖閣を沖縄の一部とみなし日本の「残存主権」が及ぶことを確認

六月　七日　米国は尖閣の「領有権」については、「中立」の立場を決定

六月　八日　蔣経国、米国務省から尖閣諸島の「最終状態は未定」の言質をとる

ピーターソン大統領補佐官、台北のデビッド・ケネディーへ「沖縄返還協定」に尖閣を含める内容のメッセージ

六月一〇日　愛知揆一外相、ロジャース米国務長官から台湾への協議を求められる

六月一〇日　ロジャース国務長官から駐英米国大使への公電

六月一七日　「沖縄返還協定」調印

六月一七日　チャールズ・ブレイ報道官、日本が従前から持っていた尖閣に法的権利に口をはさむことはできないし、台湾の権利が減少することもない発言
六月二一日　周恩来、「台湾に付属する尖閣諸島」発言
七月　八日　蔣経国は、マコノイ駐台米大使に対して愛知揆一の沖縄返還によって「尖閣問題に関する日本の法的立場は何の影響も受けない」と指摘したことを非難
七月　九日　キッシンジャー、北京秘密訪問、周恩来と会談
七月一五日　ニクソン大統領訪中発表
八月一五日　米の「ドル防衛措置」ニクソンショック
一一月一二日　佐藤栄作首相が「尖閣列島が日本国の領土であることの根拠」としての答弁書を閣議決定
一二月　一日　福田赳夫外相、尖閣は日清戦争で割譲されたものでは無い答弁
一二月一五日　福田赳夫外相、「尖閣はわが国の領土として、完全な領土として、施政権が返って来る」答弁
一二月三〇日　中国外交部、「尖閣諸島の領有」を声明　尖閣諸島が沖縄返還協定の返還区域に含められているとして批難する

一九七二年
一月一三日　中国、福田赳夫の尖閣諸島領有権についての発言を非難
三月　一日　佐藤栄作・福田赳夫、日中国交正常化以後は、台湾は中国の領土と表明
三月　三日　国連代表権を得た中国の安致遠代表「尖閣の領有権」を主張
三月　八日　尖閣諸島の外務省統一見解の印刷物に「先占」という文字は無し
三月二一日　外務省の高島益郎条約局長、「先占の法理」によって日本が合法的に取得したと初めて答弁
三月二六日　周書楷外交部長、台北駐在のW・マコノーヒ大使に対して尖閣諸島を米軍の

射爆撃場とするよう提案

一九七五年　五月　外務省情報文化局『尖閣列島について』の印刷物上に「先占」の文字が初めて載る

五月　外務省情報文化局、尖閣領有を「先占」によってとした

五月　九日　田中角栄通産相、「尖閣諸島での話し合いで資源開発を」発言

五月一五日　「沖縄返還」実現

五月二〇日　中華人民共和国国連常駐代表のワルトハイム及びブッシュ国連安保理事会担当議長に対する書簡、尖閣諸島について

七月　周恩来、竹入義勝会談にて周恩来「棚上げ論」を提議

一一月　七日　ニクソン、二期目の大統領選挙大勝

一一月一二日　佐藤栄作、尖閣の下関条約での中国からの割譲否定

一九七八年　四月　三日　宮沢喜一外相、「棚上げ」を否定

四月一二日　日中、「尖閣諸島問題」で対立

一九八五年　四月　国務省、米石油会社に尖閣周辺の調査・開発をしないよう求める

一九八八年一一月　八日　安倍慎太郎外相、領有権を巡っての問題はなし発言

斎藤邦彦外務省条約局長「尖閣列島というのは、我が国にとりまして領土問題でも何でもなく、我が国が有効に支配している我が国の領土の一部」と答弁

一九九〇年一〇月一八日　中国外交部、日本の右翼団体による尖閣への標識灯設置に抗議

一九九一年　四月二六日　柳井俊二条約局長「我が国の立場からいたしまして領土問題があるということではございません」と「棚上げ」合意を否定

一九九二年　二月二五日　中国政府、領海法公布し尖閣諸島を自国領土と初めて明記

一九九六年　七月一八日　中国外交部、日本の政治団体が尖閣諸島に灯台を建設したことを批難
一九九七年　五月　六日　中国、日本の新進党議員、西村慎吾が尖閣諸島に上陸したことを、批難、それを支援した石原慎太郎にも言及
二〇一〇年一〇月　前原誠司外相「棚上げ」否定
二〇一二年　九月一一日　日本、尖閣の国有化

附録資料

【資料1】アメリカの対日平和条約に関する七原則（抜粋）〈一九五〇年一一月二四日〉

合衆国は、戦争状態を終結させ日本に主権を回復し、日本を自由な諸国民からなる〔国際〕社会にその対等な構成員として復帰させるための、日本との条約を提案する。個別的な事項に関しては、条約は以下で提示する諸原則に沿うものとすべきである。

一、当事国　日本と戦争状態にあるいずれか、あるいはすべての国で、〔ここに示された〕提案を基礎にして合意を確保し講和を成立させる意志があるもの。

二、国際連合　日本の加盟は検討されることになる。

三、領土　日本は、（a）朝鮮の独立を承認し、（b）合衆国を施政権者とする琉球諸島および小笠原諸島の国際連合による信託統治に同意し、（c）台湾、澎湖諸島、南樺太および千島列島の地位に関する、イギリス、ソヴェト連邦、カナダ、合衆国の将来の決定を受諾しなければならない。条約発効後一年以内に何の決定もなされない場合には、国際連合総会が決定する。〔日本は、〕中国における特殊な権利および権益を放棄しなければならない。

（アメリカ学会訳編、五十嵐武士訳『日米関係資料集　一九四五―九七』八二頁。『原典アメリカ史』第六巻、岩波書店、一九八一年、二九九～三〇〇頁）

【資料2】大西洋憲章（英米共同宣言）（抜粋）〈一九四一年八月一四日〉

アメリカ合衆國大統領及ヒ連合王國ニ於ケル皇帝陛下ノ政府ヲ代表スル「チャーチル」總理大臣ハ曾合ヲ爲シタル後兩國カ世界ノ爲一層良キ將來ヲ求メントスル其ノ希望ノ基礎ヲ成ス兩國國策ノ共通原則ヲ

公ニスルヲ以テ正シト思考スルモノナリ
一、兩國ハ領土的其ノ他ノ増大ヲ求メス。
二、兩國ハ關係國民ノ自由ニ表明セル希望ト一致セサル領土的變更ノ行ハルルコトヲ欲セス。
フランクリン・ディー・ローズヴェルト
ウインストン・チャーチル
（『日本外交年表竝主要文書』下巻、外務省、五四〇頁）

【資料3】カイロ宣言（日本国ニ関スル英、米、華三国宣言）（抜粋）〈一九四三年一一月二七日〉

■和文

「ローズヴェルト」大統領、蔣介石大元帥及「チァーチル」総理大臣ハ各自ノ軍事及外交顧問ト共ニ北「アフリカ」ニ於テ会議ヲ終了シ左ノ一般的声明発セラレタリ

「各軍事使節ハ日本国ニ対スル将来ノ軍事行動ヲ協定セリ

三大同盟国ハ海路、陸路及空路ニ依リ其ノ野蛮ナル敵国ニ対シ仮借ナキ弾圧ヲ加フルノ決意ヲ表明セリ右弾圧ハ既ニ増大シツツアリ

三大同盟国ハ日本国ノ侵略ヲ制止シ且之ヲ罰スル為今次ノ戦争ヲ為シツツアルモノナリ右同盟国ハ自国ノ為ニ何等ノ利得ヲモ欲求スルモノニ非ズ又領土拡張ノ何等ノ念ヲモ有スルモノニ非ズ

右同盟国ノ目的ハ日本国ヨリ千九百十四年ノ第一次世界戦争ノ開始以後ニ於テ日本国ガ奪取シ又ハ占領シタル太平洋ニ於ケル一切ノ島嶼ヲ剥奪スルコト竝ニ満洲、台湾及膨湖島ノ如キ日本国ガ清国人ヨリ盗取シタル一切ノ地域ヲ中華民国ニ返還スルコトニ在リ

（『日本外交主要文書・年表』1、五五〜五六頁。『条約集』第二六集第一巻、九〜一〇頁）

■英文

The Cairo Declaration November 27, 1943

President Roosevelt, Generalissimo Chiang Kai-shek and Prime Minister Churchill, together with their respective military and diplomatic advisers, have completed a conference in North Africa.
The following general statement was issued:
"The several military missions have agreed upon future military operations against Japan. The Three Great Allies expressed their resolve to bring unrelenting pressure against their brutal enemies by sea, Iand, and air. This pressure is already rising.
"The Three Great Allies are fighting this war to restrain and punish the aggression of Japan. They covet no gain for themselves and have no thought of territorial expansion. It is their purpose that Japan shall be stripped of all the islands in the Pacific which she has seized or occupied since the beginning of the first World War in 1914, and that all the territories Japan has stolen from the Chinese, such as Manchuria, Formosa, and the Pescadores, shall be restored to the Republic of China.
[Source] Department of State [USA], The Department of State Bulletin, No.232, p.393. Japan's Foreign Relations-Basic Documents Vol.1, pp.55-56.

■中文

开罗宣言　１９４３年11月27日　〔中〕蒋介石　〔美〕罗斯福　〔英〕丘吉尔

三国军事方面人员，对于今后对日作战计划，已获得一致意见。三大盟国决以不松弛之压力，从海陆空各方面加诸残暴之敌人，此项压力，已经在增长之中。我三大盟国此次进行战争之目的，在制止及惩罚日本之侵略，三国决不为自己图利亦无拓展疆土之意思。三国之宗旨，在剥夺日本自一九一四年第一次世界大战开始后，在太平洋上所夺得或占领之一切岛屿，及使日本在中国所窃取之领土，如东北四省台湾澎湖列岛等归还中华民国。

［出処］　华夏经纬http://www.huaxia.com/20031201/00151682.html

【資料４】対日講和問題に関する周恩来中国外相の声明（抜粋）〈一九五一年八月一五日〉

一九五一年七月十二日、アメリカ合衆国政府及び連合王国政府は、ワシントンとロンドンで同時に、対日平和条約草案を公表した。ついで、アメリカ合衆国政府は、同年七月二十日日本単独平和条約署名の準備として、サンフランシスコに会議を招集する旨通知を発した。このことに関して、中華人民共和国中央人民政府は、わたくしにつぎの声明を発表する権限を与えることを必要と考えている。

中華人民共和国政府は、アメリカ、イギリス両国政府によって提案された対日平和条約草案は、国際協定に違反し、基本的に受諾できない草案であるとともに、アメリカ政府の強制で、九月四日からサンフランシスコで開かれる会議は、公然と中華人民共和国を除外している限り、これまた国際義務を反古にし、基本的に承認できない会議であると考える。

対日平和条約アメリカ、イギリス案は、その準備された手続からみても、またその内容からいっても、一九四二年一月一日の連合国宣言、カイロ宣言、ヤルタ協定、ポツダム宣言及び協定、ならびに一九四七年六月十九日の極東委員会で採択された降伏後の対日基本政策など、アメリカ、イギリス両国政府が均しく署名しているこれら重要な国際協定にいちじるしく違反するものである。

連合国宣言は、単独で講和してはならないと規定しているし、ポツダム協定は「平和条約準備事業」は、敵国の降伏条項に署名した委員会参加諸国によって行われねばならないと規定している。それと同時に、中華人民共和国中央人民政府は、武力を通じて対日作戦に加わった国のすべてが対日講和条約起草の準備事業に加わると主張するソヴィエト連邦政府の提案をこれまで全面的に支持した。ところが、アメリカは、対日平和条約の準備事業を遅らせるため、長期にわたりポツダム宣言の原則を実施するのを拒んだ揚句、現在出されている対日平和条約草案に関する準備事業をアメリカ一国だけで独占し、とりわけ中国とソヴィエト連邦を基幹とする対日戦に加わった国々のうち、大多数を平和条約の準備事業から除外したのである。更にアメリカ一国で強引に招集し、かつ中華人民共和国を除外する平和会議は、対日単独平和条約の署名を企てている。イギリス政府の支持のもとで、こういった国際協定に違反するアメリカ政府の動きは、明らかに日本及び日本との戦争状態にある国々の間で結ばれるべき真の全面的平和条約を破壊するものである。

のみならず、アメリカ政府だけに有利で、日米両国の人民を含む各国の人民にとり不利な単独平和条約を受諾するよう、日本と対日作戦に加わった諸国に無理に押しつけようとしている。これは、実際には新たな戦争を準備する条約であり、真の意味での平和条約ではないのである。

かような中華人民共和国中央人民政府の結論には、対日平和条約アメリカ、イギリス草案の基本内容からみて、もはや反論する余地がないのである。

第一に、対日平和条約アメリカ、イギリス草案はアメリカ政府とその衛星国の対日単独平和条約を目指した産物であるので、この平和条約草案は、対日平和条約の主要目標に関して、声明のなかで中ソ両国政府がしばしば表明してきた意見を無視しているばかりではなく、この上もなく不合理なことに、対日作戦に加った連合国の系譜から公然と中華人民共和国をはずしているのである。第一次世界戦争後、日本帝国主義は一九三一年から一九三七年にかけて中国を武力で侵略し、更にたまたま太平洋戦争の勃発した一九四一年まで、全中国に向って侵略戦争をひきおこしたのである。

日本帝国主義に抵抗しこれを打破する戦争で、最も長期間悪戦苦闘をつづけるうちに、中国人民は最大の犠牲をはらい、また最大の貢献をしてきた。したがって、中国人民と彼等がうちたてた中華人民共和国中央人民政府は、対日平和条約の問題において最も合法的権利をもつ発言者であり、また参加者である。ところが、平和条約アメリカ、イギリス草案は、戦争中日本にあった連合国及びその国民の財産と権益の処理に関する条項で、適用期間を規定して一九四一年十二月七日から一九四五年九月二日までとし、かつ一九四一年十二月七日以前における中国人民が自力で抗日戦争を行っていた期間を完全に無視しているのである。中華人民共和国を除外し中国人民を敵視するこういったアメリカ、イギリス両国政府におけるごうまんな不法措置は、中国人民の決して許さないところであり、断乎反対するところである。

第二に、領土条項における対日平和条約アメリカ、イギリス草案は、占領と侵略を拡げようというアメリカ政府の要求に全面的に合致するものである。一方では草案は、さきに国際連盟により日本の委任統治の下におかれていた太平洋諸島にたいする施政権の他、更に琉球諸島、小笠原群島、火山列島、西鳥島、沖之鳥島及び南鳥島など、その施政権まで保有することをアメリカ政府に保証し、これらの島嶼の日本分離につき過去のいかなる国際協定も規定していないにもかかわらず、事実上これらの島嶼をひきつづき占領しうる権力をもたせようとしているのである。

他方では、カイロ宣言、ヤルタ協定及びポツダム宣言などの合意を破って、草案は、ただ日本が台湾と澎湖諸島及び千島列島、樺太南部とその付近のすべての島嶼にたいする一切の権利を放棄すると規定しているだけで、台湾と澎湖諸島を中華人民共和国へ返還すること、ならびに千島列島及び樺太南部とその付近の一切の島嶼をソヴィエト連邦に引渡すという合意に関してただの一言も触れていないのである。後者の目的は、アメリカによる占領継続をおおいかくすために、ソヴィエト連邦にたいする緊張した関係をつくりだそうと企てている点にある。前者の目的は、アメリカ政府が中国領土である台湾のアメリカ占領長期化をできるようにするにある〔前5文字ママ〕。しかし中国人民は、このような占領を絶対に許すことができないし、またいかなる場合でも、台湾と澎湖諸島を開放するという神聖な責務を放棄するものではないのである。

同時にまた、草案は、故意に日本が西鳥島と西沙群島にたいする一切の権利を放棄すると規定し、その主権返還の問題について言及するところがない。実は、西沙群島と西鳥島とは、南沙群島、中沙群島及び東沙群島と全く同じように、これまでずっと中国領土であったし、日本帝国主義が侵略戦争をおこした際、一時手放されたが、日本が降伏してからは当時の中国政府により全部接収されたのである。中華人民共和国中央人民政府はここにつぎのとおり宣言する。すなわち中華人民共和国の西鳥島と西沙群島にたいする犯すことのできない主権は、対日平和条約アメリカ、イギリス案で規定の有無にかかわらず、またどのように規定されていようが、なんら影響を受けるものではない。

（『日本外交主要文書・年表』1、四〇六～四一一頁。外務省アジア局中国課監修『日中関係基本資料集』一九～二五頁）

【資料5】「合意された議事録」（抜粋）〈一九七一年六月一七日〉

日本国政府の代表者及びアメリカ合衆国政府の代表者は、本日署名された琉球諸島及び大東諸島に関する日本国とアメリカ合衆国との間の協定の交渉において到達した次の了解を記録する。

第1条に関し、

同条2に定義する領土は、日本国との平和条約第3条の規定に基づくアメリカ合衆国の施政の下にある領土であり、一九五三年一二月二五日付けの民政府布告第二七号に指定されているとおり、次の座標の各点を順次に結ぶ直線によつて囲まれる区域内にあるすべての島、小島、環礁及び岩礁である。

北緯28度東経124度40分
北緯24度東経122度
北緯24度東経133度
北緯27度東経131度50分
北緯27度東経128度18分
北緯28度東経128度18分
北緯28度東経124度40分

一九七一年六月一七日に東京で

愛知揆一
アーミン・H・マイヤー

（『外交青書』一六号、四七九～四八二頁）

【資料６】繊維問題に関する官房長官談話（抜粋）〈一九七〇年六月二五日〉

昨年スタンズ長官来日以来一年余にわたり討議を続けてきた繊維問題の解決をこれ以上長びかせることは日米両国にとつて好ましくないという佐藤総理の判断により、宮沢通産大臣、愛知外務大臣を米国に派遣し交渉にあたらしめたが双方ともそれぞれその背景に国会その他困難な諸事情があつて今回のワシントンにおける双方懸命の努力にもかかわらず一致点を見出すことができなかつたことは甚だ残念である。最終の四者会談でも明らかにされているように、本問題は他日あらためて討議される機会が残されているようであり、政府は今後とも問題の解決に最善の努力を傾ける方針である。

今回の討議を通して日米双方の主張とそれぞれの諸事情が深く理解されたことは問題妥結の成否にかかわらず、極めて有意義であつたのみならず、日米安保体制の相互認識、沖縄返還準備交渉、アジア地域の平和促進等今後両国の提携協力を友好と親善の精神の上から、一層強力に推進すべきことが確認されたことを多としたい。

政府は、来月七日来日を予定される国務長官を迎え、さらに十分懇談を重ね沖縄返還問題、日米貿易問題等いささかも国民に不安を与えないよう最善を期する考えである。

（『外交青書』一五号、四一〇頁）

【資料７】日本繊維産業連盟の対米繊維輸出自主規制に関する宣言（抜粋）〈一九七一年三月八日〉

対米繊維輸出自主規制に関する宣言

昭和四六年三月八日

日本繊維産業連盟

日本繊維産業連盟は、日本の国内法に基づく所要の措置をとり、下記により、全繊維製品の対米輸出を規制することを宣言する。

連盟は、本宣言の発表に当り、日本の対米輸出繊維製品が、米国において重大な被害又は、市場攪乱を生ぜしめたと認めるが故に、かかる規制を行なうものではないことを特に強調するものである。

しかしながら、連盟は、日米繊維問題を未解決のまま放置することは、米国の保護主義を助長し、このため、各国において連鎖反応を惹起し、その結果、日米両国にとって好ましからざる事態をもたらし、かつ、世界の自由貿易に重大なる脅威を及ぼすものと判断する。故に、これを未然に防止し、更に政治問題化した本件を解決することにより、日米間の政治並びに経済における友好関係の維持改善をはかるため、大局的見地に立って、あえて本措置をとるものである。

本件については、政府間において長期にわたり交渉が続けられたが、連盟は、本宣言によって政府間交渉を継続する必要は解消するものと信ずる。

云うまでもなく、連盟は、かかる措置が日本の繊維製品の他の輸出市場に拡大され、或いは繊維以外の製品の対米輸出の前例となるが如きことがあってはならないと信ずる。

（『日米関係資料集　一九四五―一九七』八一七〜八一八頁、日本繊維新聞社提供資料）

【資料８】日米繊維問題に関する大統領声明（抜粋）〈一九七一年三月一一日〉

二年間、当政府は日本からの過大な毛及び化合繊製品の輸入を削減するため、日本政府と自主規制取決めを交渉することに努めてきた。米国は、これら過大な輸入を抑制する目的をもったいかなる取決めにとっても不可欠と考える幾つかの基本的原則は一貫して堅持しつつも、取決めの細部については出来るだけ柔軟な態度をとるよう努めてきた。これらの原則は、本年一月までの会談において、米国の交渉当事者から日本大使に提示された次の諸条件に反映されている。

○輸入の約半分を占めるとりわけセンシティブな製品の限定された数の品目について、特定の輸入規制枠を設ける。規制枠は一九六九年における対日輸入に妥当な伸び率を加えたものとする。米国の市場状況の変化を反映するよう、これら品目間のシフトが認められるが、これらセンシティブな品目のいずれかに過度の集中が生じないよう制限を設ける。
○その他の品目の対日輸入が一九七〇年の輸入量を基準として、それに、より寛大な伸び率を加えた水準を越えた場合は、米国は日本に協議を申し入れることが出来ることとし、双方にとつて満足のいく解決が得られない場合には特定の制限を課する。
月曜日（注：三月八日）に、日本繊維産業連盟は、その在ワシントン代表者と下院歳入委員会委員長との話合いののち、日本の繊維業界は繊維製品の今後の対米輸出を制限する一方的計画を実施する旨発表した。同時に、日本政府は日本の一民間団体によるこのオーソドックスでない措置を是認し、米国政府との交渉を終了するとの声明を発表した。一見したところでは、この一方的計画は、次の重要な諸点で米国の主要な諸条件を充していない。
○すべての綿、毛及び化合繊の織物ならびに衣類に対して一つの総枠が設けられているのみであり、「現在の対米輸出のパターンの不当な変動を防止する」との日本の業界による一般的な保証が付せられているのみである。これは、特定の品目への集中を可能ならしめるものであり、それらの品目は総枠よりも何倍も大きな率で伸びる結果となりうる。
○総枠は一九七一年三月三一日に終る一年間の対日輸入を基準として、これに伸び率を加えたものである。日本政府との交渉を行なつてきた過去二年間において、化合繊製品の輸入は大幅に増加し、一九七一年一月には記録的水準に達した。しかも、この規制案は、すでに取決により規制を受け、輸出が減少している綿製品をも基準輸出量に含めることにより、センシティブ品目の輸出増大の可能性を拡大するものである。
かかる欠陥を有する日本の業界案は受諾可能な解決をもたらすものではないことは明らかである。私が、交渉による取決によつて本問題を解決することを希望していることはよく知られている。日本業界の措置は、今や日本政府の承認を得たもののようであり、米国としては有意義な政府間交渉の再開を歓迎するが、この措置はかかる交渉の途を実際上とざしてしまった。

従つて、私は、昨年下院を通過し、本年ミルズ下院歳入委員長及びバーンズ同委員会委員によつて議会に再提出され、懸案となつている法案、H・R・20の繊維に関する輸入割当条項を強力に支持するであろう。

同時に、私は、商務長官に対し、毛及び化合繊製品の対日輸入を月間ベースで監視するよう指示している。この監視は直ちに開始することとし、その結果については、われわれが指示した条件のもとで規制を実施した場合に生じたであろう結果との相違に関する分析を含めて、議会に対して明らかにするよう指示している。

かかる状況のもとで、米国の繊維労働者及び企業に必要な救済措置を施すために、当政府は、今や繊維問題の他の解決策につき最大限の考慮を払わなければならない。

（『外交青書』一五号、四一七〜四一八頁）


【資料9】日米繊維協定、日本国とアメリカ合衆国との間の毛製品及び人造繊維製品の貿易に関する日本国政府とアメリカ合衆国政府との間の取極（抜粋）〈一九七二年一月三日〉

前文　この取極の目的は、両国の繊維経済の健全な発展と合致するよう日本国から合衆国への毛製品及び人造繊維製品の輸出貿易の急激な増加を防止し、かつ、その秩序ある発展をもたらすことにある。

この目的のため、及びこの取極の規定に従い、日本国は、合衆国への毛製品及び人造繊維製品の輸出の年間総増加量がこの取極に規定する水準をこえないように配慮してこれらの製品の輸出を行ない、合衆国は、この取極の実施にあたつて、日本国により前記の水準が完全に利用されることを確保するよう考慮を払う。

１（a）この取極の規定は、両政府により、それぞれ自国の関係法令に従つて実施される。
（b）日本国政府は、千九百七十一年十月一日から始まる三年間合衆国への毛製品及び人造繊維製品の輸出に対しこの取極に規定されている規制を行なう。

（『日米関係資料集　一九四五－一九七』八四三～八四五頁。外務省条約局『条約集・昭和四七年二国間条約』六八三～六九一頁）

あとがき

二〇一八年一月一一日、防衛省は、沖縄県・尖閣諸島の大正島周辺の領海外側にある接続水域で、潜った状態の外国の潜水艦一隻と中国海軍のフリゲート艦一隻が航行するのを確認した。領海侵犯はなく、二隻は同日午後に接続水域を出た。後にその潜水艦は浮上し中国国旗を掲げた。台湾で蔡英文政権が発足して以来、中国は台湾に対する圧力を強めており、最近は中国の艦船や爆撃機が台湾を周回している。二〇一八年に入って、中国の空母も台湾海峡を通航している。中国としては、日本同様「尖閣諸島は自国固有の領土だ」という主張を譲る考えはない。習近平指導部は、去年の共産党大会で強国の建設を新たな国家目標に設定しており、国家主権を守る姿勢を示して習近平の求心力を高めていると考えられる。現在、日本国民は、この中国の主張、行動に不快感をもっているが、その流れを辿ると、尖閣諸島問題に行きつく。また、この問題での国民の認識は日本政府やマスコミの報道に大きく影響されているといえる。領土主権・安全保障に直結する尖閣諸島問題は、日本、台湾、中国、米国が関係している問題であり俯瞰的な見方が要求される。それらを踏まえて、この問題を論ずるべきであろう。筆者は、日本と米国間の沖縄返還時の尖閣諸島問題を焦点に書き著したわけであるが、多くの先行研究を参考にした結果、領有権と施政権を分離した日本への返還について、今までの研究者とは異なる見方にたどり着いた。しかしそれは、岡田充、矢吹晋、春名幹男、ロバート・D・エルドリッチ、孫崎亨、苫米地真理等各先生方の卓越した先行研究がなければ、到底達し得ないものだった。

本書は、筆者が二〇一五年から二〇一八年一月までの桜美林大学大学院国際学研究科国際学専攻博士前期課程李恩民ゼミにおいて行った研究をまとめたものであり、指導教員の李恩民教授から丁寧かつ熱心なご指導を賜った。李教授は、沖縄返還並びに日中国交関係の代表的研究者であり、その下で研究を進めることができたのは幸運であった。また大学院では加藤朗教授から国際政治論を学ばせていただいた。加藤教授は独自の観点をお持ちになっており、決して偏った見方をすることなく、その教えからはたくさんのヒントをいただいた。また、その論の鋭さには敬服するばかりであった。そして、私の論文を精読いただき、有益なコメントを寄せて頂いた倉澤幸久教授、日常の議論を通し多くの指摘を下さった町田隆吉教授、大先輩である吉田保夫氏らの見識に大いに助けられた。また、中国資料および文献の翻訳には、桜美林大学大学院留学生の権鋆、李佳潔両氏の助けを得ることができた。ここに、皆様方に感謝の意を表すものである。

二〇一八年九月

三浦和彦

著者
三浦 和彦（みうら かずひこ）
1952年1月1日、生まれ。放送大学大学院中退。社会人を経て2012年、桜美林大学中国語特別課程修了、2015年、桜美林大学リベラルアーツ学群中国語専攻科卒業、2015年、桜美林大学大学院国際学研究科国際学修士課程入学。2018年、同修士課程卒業。中国・上海同済大学、雲南師範大学留学。大学から大学院にかけ、一貫して日中関係・尖閣諸島問題を研究。大学院卒業論文は『東シナ海における領土紛争の経緯』。

尖閣諸島問題と隠された真実
――米国の本音は「中立」――

2018年10月20日　第１刷発行

著　者
三浦《みうら》　和彦《かずひこ》

発行所
㈱芙蓉書房出版
（代表　平澤公裕）
〒113-0033東京都文京区本郷3-3-13
TEL 03-3813-4466　FAX 03-3813-4615
http://www.fuyoshobo.co.jp

印刷・製本／モリモト印刷

ISBN978-4-8295-0745-2

尖閣諸島と沖縄
時代に翻弄される島の歴史と自然
沖縄大学地域研究所編　本体 2,300円

国有化、中国公船の常駐、日台漁業協定締結……。国家の駆け引きに縛られずに沖縄が目指す道とは？　琉球、中国、日本は歴史的にどのように交流していたのか？　尖閣周辺海域で行われていた戦前・戦後の漁業は？　絶滅の危機にあるアホウドリはいま？

星条旗と日の丸の狭間で
証言記録 沖縄返還と核密約
具志堅勝也著　本体 1,800円

佐藤栄作首相の密使として沖縄返還に重要な役割を担った若泉敬。沖縄でただひとり若泉と接触できたジャーナリストが、初めて公開する証言記録・資料を駆使して「沖縄返還と核密約」の真実に迫る。

「技術」が変える戦争と平和
道下徳成編著　本体 2,500円

宇宙空間、サイバー空間での戦いが熾烈を極め、ドローン、人工知能、ロボット、３Ｄプリンターなど軍事転用可能な革新的な民生技術に注目が集まっている。国際政治、軍事・安全保障分野の気鋭の研究者18人がテクノロジーの視点でこれからの時代を展望する。

英国の危機を救った男チャーチル
なぜ不屈のリーダーシップを発揮できたのか
谷光太郎著　本体 2,000円

ヨーロッパの命運を握った指導者の強烈なリーダーシップと知られざる人間像を描いたノンフィクション。ナチス・ドイツに徹底抗戦し、ヤルタ、ポツダムまで連続する首脳会談実現のためエネルギッシュに東奔西走する姿を描く。